保育者養成シリーズ

乳児保育

林 邦雄・谷田貝公昭[監修]
中野由美子・高橋弥生[編著]

監修者のことば

　周知のとおり、幼児期の保育の場はわが国では幼稚園と保育所に二分されている。幼稚園は文部科学省の管轄の下にある教育の場であるのに対し、保育所は教育を主体とする場ではなく、福祉の側面を備えた厚生労働省の下に位置づけられている。しかしながら、保育所は遊びを通じて情操を育むなど、教育的な側面をも包含していることは言うまでもない。

　このような事情から、従前より、幼稚園と保育所のいわゆる「幼・保一元化」が求められてきた。この動きは、社会環境の変貌とともにしだいに活発となり、保育に欠ける幼児も欠けない幼児も共に入園できる「認定こども園」制度として実現した。すなわち、平成18年に成立した「就学前の子どもに関する教育・保育等の総合的な提供の推進に関する法律」(「認定こども園設置法」)がそれである。

　今後、「総合こども園」(仮称)などの構想もあるが、こうした中で保育者は保育士資格と幼稚園免許の2つを取得するという選択肢が広がる可能性が高まっている。その理由は、総合こども園は、幼稚園機能、保育所機能、子育て支援機能(相談などが提供できる)を併せ持った施設で、既存の幼稚園と保育所を基本としているからである。

　監修者は長年、保育者養成に関わってきたものであるが、「保育学」「教育学」は、ある意味において「保育者論」「教師論」であると言えるであろう。それは、保育・教育を論ずるとき、どうしても保育・教育を行う人、すなわち保育者・教師を論じないわけにはいかないからである。よって、「保育も教育も人なり」の観を深くかつ強くしている。換言す

れば、幼児保育の成否は、保育者の優れた資質能力に負うところが大きいということである。特に、幼児に接する保育者は幼児の心の分かる存在でなければならない。

　この保育者養成シリーズは、幼児の心の分かる人材（保育者）の育成を強く願って企画されたものである。コミュニケーションのままならぬ幼児に接する保育者は、彼らの心の深層を読み取れる鋭敏さが必要である。本シリーズが、そのことの実現に向かって少しでも貢献できれば幸いである。多くの保育者養成校でテキストとして、保育現場の諸氏にとっては研修と教養の一助として使用されることを願っている。

　本シリーズの執筆者は多方面にわたっているが、それぞれ研究専門領域の立場から最新の研究資料を駆使して執筆している。複数の共同執筆によるため論旨や文体の調整に不都合があることは否めない。多くの方々からのご批判ご叱正を期待している。

　最後に、監修者の意図を快くくんで、本シリーズ刊行に全面的に協力していただいた一藝社・菊池公男社長に深く感謝する次第である。

平成27年3月吉日

監修者　林　　邦雄
　　　　谷田貝公昭

まえがき

　乳児期は、著しい身体的発達と基本的な運動機能、特定の大人との情緒的絆の形成、活発な探索行動と行動範囲の拡大、言葉の芽生えと象徴機能の発達、言葉の習得、周囲の人への興味・関心の広がりと自己主張等、生きる力の基礎が形作られる生涯発達の最も重要な時期である。

　保育所保育指針における乳児保育は、3歳未満児（0歳、1歳、2歳）の保育を指すことが一般的であるが、3歳未満児の入所はこの10年、急速に増加している。平成25年現在、3歳未満児の約27％が保育施設に通所しており、0歳児は約11％、1、2歳児は約38％となっている。さらに、待機児の82％は3歳未満児である。

　乳児保育が急増する背景には、核家族化と少子化が進み、地域社会から孤立した現代の家庭環境の中では、子どもの健全な発達が困難になりつつある現状や、乳児期からの共働きの一般化などが挙げられる。また、保育所や幼稚園、こども園などによる家庭への子育て支援の拡大によって、子育てが家庭と園との協働作業に変わりつつあるという社会的変化も影響していると思われる。

　乳児期は未熟な発達段階にあるために、乳児保育には留意事項も多く、担当する保育者には豊かな感受性や応答性が求められる。0歳児保育では、心身の発育への細かい配慮とともに、乳児が発する欲求を察知して応答的に関わる保育を通して情緒的安定と人への信頼感を育てるために、保護者との緊密な連携を築くことが求められる。1、2歳児保育では、基本的生活習慣の自立に向けた環境整備や適切な援助による自立への意欲の育成、自我の芽生えを支えながら友達への関心を育てる働きかけな

ど、反抗期の子どもの思いや感情を理解したうえでの対応が求められる。

　本書は、平成23年度より実施されている指定保育士養成施設の新カリキュラム「乳児保育」に基づき、それぞれの専門領域の最新の研究資料を駆使して編集されている。しかし、子どもに関心が高い保育者志望の学生たちであっても、日々の生活の中できょうだいや近所の乳児と触れ合った体験、乳児の世話をした経験は以外に少ない。したがって、知識や技能を提示するだけでの講義ではなく、保育実習体験などを土台にした具体的事例の活用や実践的学習方法の導入などによって、学生のイメージを膨らませる工夫が求められる。

　なお、本書は多方面にわたる共同執筆であるために、論旨や文体の調整、内容の一部重複等、不都合な部分があることは否めない。多くの方々からのご批判やご叱正を今後に生かしていきたい。

　最後に、本書の出版に快く応じてくださった一藝社の菊池公男社長と編集にご尽力いただいた森幸一編集長に厚く御礼申し上げたい。

平成27年3月

編著者　中野由美子

高橋　弥生

乳児保育●もくじ

監修者のことば……2
まえがき……4

第1章 乳児保育とは……9
第1節　乳児とは何か
第2節　乳児保育とは何か
第3節　乳児保育の意義と理念
第4節　乳児保育の歴史

第2章 乳児保育の基礎……21
第1節　乳児期の発達の特徴
第2節　乳児保育に必要な配慮
第3節　愛着の重要性

第3章 0歳児の発達と保育……35
第1節　6カ月未満の発達
第2節　6カ月〜1歳3カ月未満の発達
第3節　保育所の一日

第4章 1歳児の発達と保育……49
第1節　1歳3カ月〜2歳未満の発達
第2節　発達に沿った保育内容と保育技術
第3節　1歳児保育の実際

第5章 2歳児の発達と保育……63
第1節　2歳児の発達
第2節　2歳児の生活・遊びと保育者の援助
第3節　2歳児保育の指導計画の実際
第4節　家庭と園の連携

第6章 乳児期の遊びと環境…… 77

- 第1節　乳児期の遊びの意味
- 第2節　発達に沿った遊び
- 第3節　発達を促す環境
- 第4節　安全への配慮

第7章 乳児期の基本的生活習慣…… 91

- 第1節　睡眠の習慣の発達と援助
- 第2節　食事の習慣の発達と援助
- 第3節　排泄の習慣の発達と援助
- 第4節　清潔の習慣の発達と援助
- 第5節　着脱衣の習慣の発達と援助
- 第6節　基本的生活習慣の自立へ向けて

第8章 家庭における乳児の保育…… 103

- 第1節　乳児の一日
- 第2節　家庭における生活のリズム
- 第3節　父親・母親のあり方

第9章 保育所における乳児の保育…… 115

- 第1節　保育所における保育者
- 第2節　集団保育の良さと問題点
- 第3節　保育の計画・記録・評価

第10章 地域型保育事業における乳児の保育…… 129

- 第1節　地域型保育事業について
- 第2節　小規模保育事業・事業所内保育事業
- 第3節　家庭的保育事業

第11章 乳児院における乳児の保育……143
- 第1節　乳児院について
- 第2節　乳児院の役割と機能
- 第3節　入児院の生活

第12章 保護者の抱える問題……155
- 第1節　失われつつある親が育つ環境
- 第2節　仕事志向と親役割の葛藤
- 第3節　親が育つ子育て支援の必要性

第13章 地域子育て支援の役割……169
- 第1節　地域子育て支援の現状
- 第2節　乳児期に必要な子育て支援
- 第3節　子育て支援の現場における保育者の役割

第14章 乳児保育の現状と課題……181
- 第1節　保育所保育指針等での乳児保育の扱い
- 第2節　現場の抱えている現状と課題
- 第3節　乳児保育の果たすべき役割

第15章 乳児保育の質を高めるために……193
- 第1節　社会環境の変化を踏まえた乳児保育
- 第2節　保育者の資質向上に必要なこと

監修者・編著者紹介……207
執筆者紹介……208

第1章 乳児保育とは

西川ひろ子

第1節 乳児とは何か

1．多様な区分

　「乳児」とは、児童福祉法第4条において、出生から満1歳未満までを指す。母子保健法でも、「『乳児』とは、一歳に満たない者」と定義されている。語源的には、乳で育てられ歩き出すまでの生後1年～1年半ぐらいの時期の子どもを乳児と称していた。

　似たような言葉に、「赤ん坊」「赤ちゃん」「新生児」などがある。「赤ん坊」は、辞書では「生まれて間もない子供」と書かれている。また「赤ちゃん」は、「赤ん坊」に親しみを込めて呼称したものである。一方「新生児」は、母子保健法で、「『新生児』とは、出生後二十八日を経過しない乳児をいう」とあり、「未熟児」は、同じく母子保健法で「『未熟児』とは、身体の発育が未熟のまま出生した乳児であつて、正常児が出生時に有する諸機能を得るに至るまでのものをいう」とある。さらに、「新生児」の中でも出生後7日未満の乳児を、特に「早期新生児」と呼ぶこともある。

　また、乳児の誕生時期や発育状態によってわずか1年間の間でも、発育が未熟の乳児を「未熟児」、誕生後7日未満を「早期新生児」、誕生後28日未満を「新生児」と区分しているのである。

2．非常に弱い存在

　なぜ、出生からの日数や状態によって細かな区分があるのだろうか。それは、乳児は疾病への抵抗力が弱く、心身の機能の未熟さに伴う疾病の発生が多いためである。新生児の死亡率は、生後間もないほど高く、その際の病気やけがの後遺症によって重篤な障害を持つことも多々ある。

乳児死亡とは、生後1年未満の死亡であり、このうち4週（28日）未満の死亡を新生児死亡、1週（7日）未満の死亡を早期新生児死亡という。2012年の乳児死亡数は2299人、乳児死亡率（出生千対）は2.2となっている。2012年の死因別乳児死亡数割合は、「先天奇形、変形及び染色体異常」が最も多く35.5％で、次いで「周産期に発生した病態」が25.4％となっている。

　乳児死亡率は、1947年から1960年代初めまでは諸外国と比べて高かったが、その後は低下し、現在は世界でも有数の低率国である。この背景には、乳児保育の普及と医学の進歩がある。

3．一生のうちで最も成長・発達する時期

　また、0歳〜2歳の乳児期と呼ばれる時期は、人間の一生のうちで最も心と身体が成長・発達する大切な期間である。生後1年間で体重は約3倍、身長は約1.5倍になる。身体機能も、首さえもすわらなかった状態から歩行が可能となり、また、母乳のみしか消化・吸収できなかった状況から、ほぼ大人と同じ食物を食事できるようになるなど、内臓機能の発達も著しい。

　人間の一生の基礎が作られる乳児期は、大切に保育されるべきなのである。そして、その専門職である保育士は母親の代わりとなって、それぞれの乳児の個性を見極めながら丁寧な対応をしていかなくてはならず、乳児保育における高い専門性が求められるのである。

第2節　乳児保育とは何か

1．保育、育児と乳児保育

　乳児保育は、1歳未満の乳児を主に保育することであるが、子どもの

発達の個人差を考慮して、3歳未満の子どもの保育を乳児保育とすることが多い。保育所の実際の保育においても、乳児保育は、3歳未満児保育の意味で使われる場合もある。その理由は、日本ではかつて、3歳以上児を対象とした幼稚園で行う教育を「保育」と呼んでおり、その影響で3歳未満児の保育を「乳児保育」と呼称していたからである。

　しかし、3歳未満児を保育するということだけでは、乳児保育とは言えない。家庭で子どもを保育することは、「育児」と言う。つまり、乳児保育と育児との違いは、専門職の保育士が行うか否かで決まるのである。

2．専門職とは

　母親以外の者が保育を行うことは、保育所が設けられる前にもあった。例えば、鎌倉時代に武家で行われた乳母である。しかし、乳母は殿の奥方である母親に代わって育児をし、育児経験はあっても保育を専門的に学んだ専門職ではない。では、専門職とは何だろうか。専門職の代表的な定義を示したリーバーマン（Lieberman, Myron 1919〜）は、専門職を次のように論じている。

①比類のない、明確で、かつ不可欠的サービスを提供する。
②サービスを提供する際に、知的な技術が重視される。
③長期にわたる専門的訓練を必要とする。
④個々の職業人及びその職業集団全体にとって、広範囲の自律性が認められている。
⑤職業的自律性の範囲内で行われる判断や行為について広く責任を負うことが、ここの職業人に受け入れられている。
⑥職業集団に委ねられた社会的サービスの組織化及び遂行の原理として強調されるのは、個人が得る経済的報酬よりも、提供されるサービスの内容である。
⑦包括的な自治組織を結成している。

⑧具体的事例によって、曖昧で疑わしい点が明確化され解釈されてきた倫理要項を持つ。

このように、専門職は、高い知識・技術とともに、職業倫理を持たなければならない。

3．乳児保育の専門性の向上

　前節で、わが国の乳児の死亡率が1960年代初めまで、諸外国と比べて高かったが、その後は低下したと論じたが、この背景には1961年に国民皆保険制度が成立し、乳児医療の普及、さらに乳児検診が始まったことに加えて、乳児保育の専門性の向上がある。1970年の保母養成カリキュラムの改正の際に「乳児保育」が科目として登場した。社会のニーズに対応するために、乳児保育の専門性を養成課程で習得することが始まったのである。現在の保育士養成カリキュラムにおける「乳児保育」の内容は、次の5項目である。

①乳児保育の理念と役割：乳児保育の理念と歴史的変遷、乳児保育の役割と機能。

②乳児保育の現状と課題：保育所における乳児保育、乳児院における乳児保育、家庭的保育等における乳児保育、乳児や家庭を取り巻く環境と子育て支援の場。

③3歳未満児の発達と保育内容：乳児保育における基本的な知識・技術に基づく援助や関わり、6カ月未満児の発達と保育内容、6カ月から1歳3カ月未満児の発達と保育内容、1歳3カ月から2歳未満児の発達と保育内容、2歳児の発達と保育内容。

④乳児保育の実際：保育課程に基づく指導計画の作成と観察・記録及び自己評価、個々の発達を促す生活と遊びの環境、職員間の協働。

⑤乳児保育における連携：保護者とのパートナーシップ、保健・医療機関、家庭的保育、地域子育て支援等との連携。

　乳児保育の対象年齢は3歳未満であり、0歳の乳児に限定されていな

い。また、乳児保育の理念、3歳未満児の発達の特徴を理解したうえで保育内容を選定し、指導計画を作成し、保護者や関連機関との連携を行うことなど、理論から実践面までを乳児保育の学びの対象としている。

第3節 乳児保育の意義と理念

1．児童虐待と生きる権利

　乳児保育の意義とその存在価値を、八木義雄は、「子どもの権利を保障し、子どもがどれほど幼かろうと、弱かろうと、未熟であろうと、その発達を立派に保障すること」[八木，2006]と主張した。乳児は、ポルトマン（Portmann, Adolf 1897～1982）が新生児を「生理的早産」と表現したように、生物的に非常に弱い存在として誕生する。保護者の庇護の下に、愛情と信頼に基づいた環境で育てられることで、多くの後天的に取得できる能力を身につけていくことができる。

　児童の権利に関する条約でも保障されている生命の権利は、たとえ法規がなくとも保障されるべき権利である。しかし、児童虐待などの不適切な養育は悪化している。2013年に全国の児童相談所の児童虐待相談対応件数は7万3765件である。前年度が6万6701件なので、約10％の増加である。10年前の2003年が2万6569件であったので、この10年間で約3倍となっている。少子化が問題となっている昨今の状況を考慮すると、生まれてきた子どもたちが生命の危機に直面している状態が、深刻な速さで悪化していることになるのである。

　児童虐待の原因は、家庭の教育力の低下にある。さらに、児童虐待のきっかけは、「経済苦」「育てにくい子ども（障害がある、ミルクを飲まない、なかなか寝てくれないなど）」「保護者の孤立（配偶者が育児に協力的でない、子育て仲間が近くにいない、子育て相談を受けてくれる人がそばにい

ないなど)」が多い。これらの状況を改善するために、さまざまな政府の施策が行われているが、あまりにも対象者が多く、なかなか効果が上がらない。

しかし、どのような状況であろうとも、優先されるべきは子どもの生きる権利である。もちろん、ただ生きているだけでは、子どもの最善の利益が保障されたことにはならない。子どもの健やかな発達が保障されなければならないのである。発達権は、生命・生存権と同様に、児童の権利に関する条約の条文の中に示されているからである（第6条）。

2．乳児保育に対する意識

子どもを取り巻く環境は、年々良好になっているとは言い難い。さらに、女性の社会参加とともに保護者の就労の支援も必要となってくる。これらの状況に対応するために、保育施設での専門職である保育者が行う乳児保育は必要不可欠である。しかしその一方で、低月齢の乳児が保護者から離れて保育所などで保育を受けることについては、懸念を持つ人も多い。保育者養成校の学生を対象に乳児保育のイメージを調査した萩尾ミドリは、「学生の乳児保育に対するイメージはかわいそうという声が多く、自分が育ってきた社会的背景『三歳児神話』などによる」［萩尾、2010］と指摘している。

近藤信義が1988年に行った乳児保育に対する保育者の意識調査でも、乳児保育に反対と考えている保育者は半数以上であった。その理由は、「子どもとの接触が少なくなる」「子育てが園任せになる」「集団保育が必要な年齢ではない」などが挙げられている［近藤、1988］。しかし、この論文では、乳児保育のメリットとして「専門家の保育が受けられる」「友だちとの交流ができる」「生活習慣やリズムが身につく」ことを3割近くの保育者が挙げている。家庭の教育力が低下し、子どもの生活リズムの定着が問題視されている現在、同じ調査を実施した場合、乳児保育の必要性に賛同する保育者は、かなりの数になると推測される。

図表1　保育所保育指針に示された乳児および3歳未満児の保育への配慮事項

第3章　保育の内容
2　保育の実施上の配慮事項
　(2) 乳児保育に関わる配慮事項
　　ア　乳児は疾病への抵抗力が弱く、心身の機能の未熟さに伴う疾病の発生が多いことから、一人一人の発育及び発達状態や健康状態についての適切な判断に基づく保健的な対応を行うこと。
　　イ　一人一人の子どもの生育歴の違いに留意しつつ、欲求を適切に満たし、特定の保育士が応答的に関わるように努めること。
　　ウ　乳児保育に関わる職員間の連携や嘱託医との連携を図り、第5章(健康及び安全)に示された事項を踏まえ、適切に対応すること。栄養士及び看護師等が配置されている場合は、その専門性を生かした対応を図ること。
　　エ　保護者との信頼関係を築きながら保育を進めるとともに、保護者からの相談に応じ、保護者への支援に努めていくこと。
　　オ　担当の保育士が替わる場合には、子どものそれまでの経験や発達過程に留意し、職員間で協力して対応すること。
　(3) 3歳未満児の保育に関わる配慮事項
　　ア　特に感染症にかかりやすい時期であるので、体の状態、機嫌、食欲などの日常の状態の観察を十分に行うとともに、適切な判断に基づく保健的な対応を心がけること。
　　イ　食事、排泄、睡眠、衣服の着脱、身の回りを清潔にすることなど、生活に必要な基本的な習慣については、一人一人の状態に応じ、落ち着いた雰囲気の中で行うようにし、子どもが自分でしようとする気持ちを尊重すること。
　　ウ　探索活動が十分にできるように、事故防止に努めながら活動しやすい環境を整え、全身を使う遊びなど様々な遊びを取り入れること。
　　エ　子どもの自我の育ちを見守り、その気持ちを受け止めるとともに、保育士等が仲立ちとなって、友達の気持ちや友達との関わり方を丁寧に伝えていくこと。
　　オ　情緒の安定を図りながら、子どもの自発的な活動を促していくこと。
　　カ　担当の保育士が替わる場合には、子どものそれまでの経験や発達過程に留意し、職員間で協力して対応すること。

3．乳児保育に関する専門性の向上

　このように、乳児保育の意義は、高い専門性に裏づけられた保育を受けることにより、子どもの生きる権利と発達する権利が保障されるとともに、保護者の就労と家庭の教育力の向上などにより、子どもの最善の利益が保障されることである。そのために、乳児保育に関する専門性を常に保育者は向上させていくことが求められる。

　保育所保育指針には、保育士が乳児保育および3歳未満児の保育を行うに当たっての配慮事項が**図表1**のように示されている。

　幼保連携型認定こども園教育・保育要領では、保育所保育指針の「乳児保育に関わる配慮事項」が「乳児期の園児の保育に関する配慮事項」に、保育所保育指針の「3歳未満児の保育に関わる配慮事項」が「満1歳以上満3歳未満の園児の保育に関する配慮事項」として明記されている。これらの配慮事項は、乳児保育の意義と理念を反映したものとなっている。

第4節　乳児保育の歴史

1．第二次世界大戦前の乳児保育

　日本の乳児保育の歴史は、保育所の歴史とほぼ同じである。保育所の前身である託児所は、1890年に赤澤鍾美が家塾「静修学校」の付属施設として設置したのが最初である。夫が私塾として開設した静修学校に、児童が世話をしなければならない幼い妹と弟をおぶったまま学習していたことを見かね、鍾美がそれらの乳幼児を預かったのがきっかけである。それまでの子どもが乳幼児の子守をしていたことを、育児経験がある者が預かったもので、乳児教育の専門性が高いわけではなかった。それ以

外は、裕福な家庭が育児経験のある者に乳母のように育児をさせるというものが多かった。

このように、最初の保育所での乳児保育は、それまでの育児や子守りの経験によって行われる内容が主であった。いずれにせよ専門性に欠け、1880年頃の乳児死亡率は出生1000人比150以上と高率であり、全死亡の40〜50％であったという。

大正期に入ると「乳児及幼児保育所の改善」と「児童保護法」が社会事業協会で大会決議され、児童保護や育成に対する関心が高まった。東京市託児保育規定と大阪市託児所規定が制定され、公立保育所（託児所）で初めて、6カ月以上3歳未満の乳児が保育を受けられることとなった。このような託児所は、都市を中心に次々と設置が進められ、大正末には300カ所近くあった。女性の就労率の上昇とともに、農村においても農繁期託児所が季節託児所として、神社や小学校などに開設させた。

戦前の保育者養成は、講習会や養成校などで実施されていたが、育児経験者が保育をしていた事例が多かったため、保育所の保母養成は構造化や法規化がされていなかった。

2．第二次世界大戦後の乳児保育

乳児保育についての高い専門性を有した保母がその任に当たるようになったのは、1960年代以降である。厚生労働省「社会福祉施設等調査報告」によると、1951年には、保育所での0〜1歳児の入所児は2189人であったが、1960年には7092人、1970年には2万2743人と、1970年代から保育所に乳児の入所が急増した。この状況に対応するために、現場の保母にそれを受け止める高い専門性が求められ、1970年の保母養成カリキュラム改正の際に、科目「乳児保育」が新設されたのである。

高度経済成長を迎えた1970年代には、女性の社会進出と核家族化が進み、ますます乳児保育の需要は進んだ。その一方で、子育て環境の孤独化が進み、育児ノイローゼが育児雑誌で取り上げられるようになる。

1990年代に入ると家庭の教育力は低下し、育児不安や児童虐待、さらに少子化が社会問題として取り上げられる。乳児保育は、保育士（1999年、保母から改称）にとって最も重要な知識と技術を学ぶ科目となった。乳児保育で得た専門性は、ゆったりとした環境の中で、乳児が安心して生活・成長でき、授乳、食事、睡眠、排泄、遊びなどを通して生活のリズムを整えていく保育を保育者が担うようになったのである。

【引用・参考文献】
　厚生労働省大臣官房統計情報部「平成26年我が国の人口動態」2014年
　近藤信義「乳児保育に対する保育者の意義（2）」『日本保育学会大会研究論文集（41）』1988年、pp.366-367
　萩尾ミドリ「保育者養成校における『乳児保育』の意義と理解——わかる授業をめざして」『久留米信愛女学校短期大学研究紀要』33、2010年、pp.71-76
　ポルトマン，アドルフ（高木正孝訳）『人間はどこまで動物か——新しい人間像のために』岩波書店、1961年
　八木義雄「乳児保育の意義と機能」川原佐公・古橋紗人子編著『乳児保育——科学的観察力と優しい心』建帛社、2006年、pp.4-11

第2章

乳児保育の基礎

西川　晶子

第1節 乳児期の発達の特徴

1．未熟性と急激な発達

　生後まもない新生児に触れたことがあるだろうか？　おおよそ50cm、3kg程度で、抱っこすると心もとないほどに柔らかく、ギュッと握った手のひらには、米粒のような爪がそろっている。ポルトマン（Portmann, Adolf 1897～1982）によれば、ヒトの乳児は他のほ乳類と比較して非常に未熟に生まれてきており、生理的早産、子宮外胎児とも表現される。弱く無力に見えるこの新生児だが、生後1年で身長は1.5倍、体重は3倍にもなり、生活面では、1歳の誕生日の頃にはつかまり歩きをし、離乳が進んで幼児食が食べられるようになり、一言二言、意味のある言葉を発するようになる。生涯の中でも最も急激な成長が見られる時期である。スキャモンの発達曲線（図表1）では、20歳時の発達を100として、子

図表1　スキャモンの発達曲線

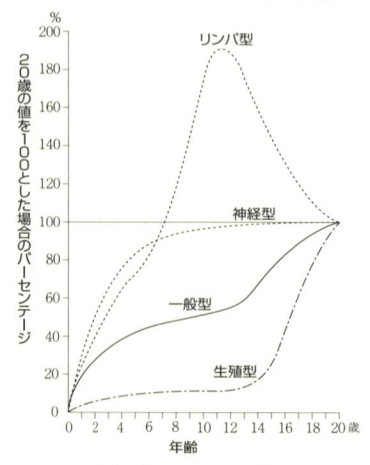

出典：［Scammon, 1930］を基に作成。

どもの発達を一般型（骨、筋肉など）、神経型、リンパ型、生殖型と4つの型に分けて示しているが、生後2年間においては神経型を筆頭として、最も急激に発達する時期である。

2. 有能な乳児、コミュニケーションする乳児

一見未熟で何も分かっていないように見える新生児だが、1980年代から、それまでの無力な乳児という通念を覆す新たな姿が明らかになってきた。運動能力をはじめとして、生活力は低いが、認知能力やコミュニケーション能力は、従来考えられていたよりもずっと発達しており、乳児は周囲の環境や人とコミュニケーションしようとする存在だというのである。

例えば、電車や街中などで乳児にじっと見つめられた経験はないだろうか？ ファンツ（Fantz, Robert L. 1925～1981）は、新生児に複数の画像を見せて、どの画像をより好んだかという実験で、乳児が人の顔を最も好んでよく見るという報告をした。生まれつき「赤ちゃんはお顔がお好き」なのである。赤ちゃんにじっと見つめられた大人は、赤ちゃんから目が離せなくなり、かわいいと思うだろう。このことは、生活力が低く生まれてくるヒトの乳児が、周囲の大人から養育行動を引き出そうとするサバイバルだとも考えられている。

またメルツォフ（Meltzoff, Andrew N.）の報告によれば、生まれて数時間の新生児に向かい合って大人が数回ゆっくりと舌を出すと、やがて口を動かし、舌を出すということが分かっており、新生児模倣と呼ばれる（図表2）。このことは、乳児と大人とのコミュニケーションの始点と考えられている。大人もまた、言葉の通じない乳児と向かい合ったときには、乳児の表情をまねたり言語化したりするだろう。この繰り返しが心地よいコミュニケーションへと発展するのである。

聴覚は、胎内で視覚より早く発達し、羊水の中で、母体から発せられるさまざまな音や外部の音が振動として伝わっている。私たちがプール

図表2　新生児模倣

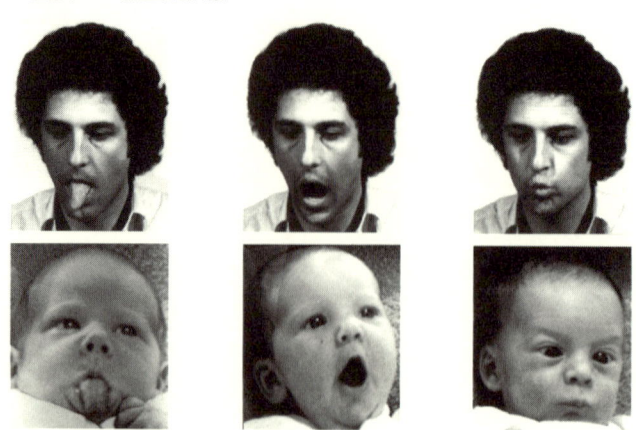

出典：[Meltzoff & Moore, 1977]

の底でくぐもった音を聞いている状態だと考えられている。乳児が好む音ということでは、女性の高い声、繰り返しや抑揚の多いいわゆるマザリーズを、乳児は好むことが分かっている。多くの母親は、乳児と向かい合ったときには自然と乳児の好む語りかけをしているのである。

　「Aちゃんおはよう、ご機嫌いかが？」と母親が乳児を抱き上げて声を掛けると、じっと見つめていた乳児がうれしそうに手足を動かしたり、喉を鳴らしたりする。すると母親が「そうね、元気ね、ご機嫌ね」とほほえむ。すると乳児も喉を鳴らす。親子がコミュニケーションのタイミングに合わせて体の動きが同調していくエントレインメント（引き込み現象）という現象がある。親子の日常の行動にも、乳児の認知能力の高さやコミュニケーション能力が一役買っているのである。

3．発達は一直線ではない

　発達には、寝返りを打ったらお座り、ハイハイといった順序性や、頭部や体幹部の発達の後に手足が発達していくという方向性がある。幼いほど個人差が大きく、家庭環境からの影響も考慮する必要がある。例えば、兄姉のいるにぎやかな家庭環境で育った乳児は、保育所の環境に慣

れやすい可能性があるし、第1子で静かな環境で母親と長時間過ごした乳児にとっては、慣れにくいものかもしれないのである。

　発達というと、右肩上がりの一直線をイメージしてしまいがちではないだろうか。しかし、乳児一人ひとりの発達は決して直線的なものとは言えない。若い親や経験の少ない学生であれば、「1歳前なのに歩いた」など早くできるようになることや大きくなることを発達の姿と捉えがちだが、発達のフシとでもいうべき時点がどの子にもあり、その前の時期には子どもの機嫌が悪く、大人も肯定的に見られない時期もある。例えば、トイレットトレーニングが長引き、失敗が続くと大人の負担も大きいが、腰を据えてじっくりつきあうと、あっさりとトイレでできるようになることがある。

第2節　乳児保育に必要な配慮

1．家庭とともに

　イギリスの著名な精神分析家ウィニコット（Winnicott, Donald Woods 1896～1971）は「一人の赤ちゃんというものは存在しない」と述べている。乳児は常に、母親をはじめとする家族と共にある。現代の家庭では、従来普通に行われていた子育て力が失われたといわれ、子育ては社会全体の問題であり、保育所はその役割を最前線で担っている。

　保護者が安心して乳児を預けられる保育所こそが家族の生活を支えるのである。乳児が、家庭での日常と連続した温かい環境の中で過ごせるような配慮が求められている。

　こんな保育所での風景を描いてみよう。産休6か月開けから乳児を預けて職場復帰する予定の母親と乳児が、保育所を訪れている。母親は初めて乳児を保育所に預けることの不安でこわばった表情でいる。担当す

る保育士と園長が日頃の乳児の遊びや離乳の様子、睡眠などについて尋ねている。「お母さん、今までよく子育てがんばってきましたね。赤ちゃん、よく育っていますね。今は心配かもしれないけど、きっとだいじょうぶですよ。これから、私たちといっしょに子育てをしていきましょうね」と園長から励まされると、母親に初めて少しほっとした笑顔が表れる。保育所は、日々成長の喜びに出会える子育てを、家族とパートナーシップを組んで行うことが求められているのである。

2．産後という危機を支える

産後の母親には、心身を含め環境の変化が重なり、複数の危機があるといわれている。産後うつの疑いがある母親は、わが国では近年1割程度といわれている［厚生労働省、2013］。子育ての負担を一手に担う母親と、長時間労働に従事して家事負担の少ない父親との間に深刻な心の溝が刻まれ、修復しがたい状態になるという「産後クライシス」という現象が、近年話題になっている。実際に離婚に至った母子家庭のうち30％が、末子の年齢が0歳から2歳の時期に離婚しており、全期間を通じて1位となっている（**図表3**）。乳児期は、赤ちゃんの誕生という喜ばしい時期であるとともに、男女が親になっていく過程で乗り越えなければならない危機的な時期であり、援助が必要な危機的な面を持つ時期と捉えるべ

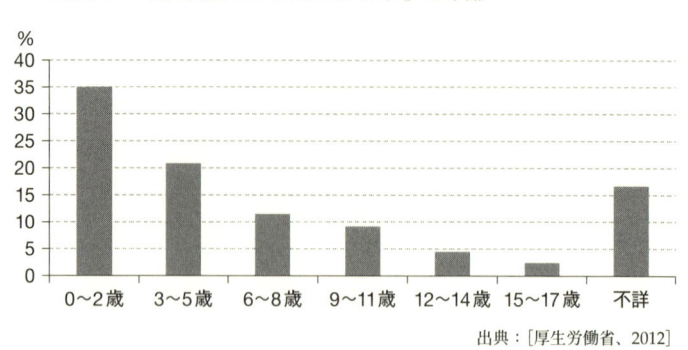

図表3　母子家庭になったときの末子の年齢

出典：［厚生労働省、2012］

きなのである。

　実際に保育士が母親に接する時間は朝晩の短い時間だが、朝、母親への「体調どうですか？　赤ちゃん夜泣きだいじょうぶですか？」という一言が、子育てに孤軍奮闘する母親にねぎらいを与えるかもしれないのである。また、日々の子どもの成長を共に喜び、だだこねや強情など親にとってはストレスになる行動についても肯定的な見方を伝えることで、親の子育て不安を和らげ、ひいては虐待に至るリスクを軽減することができる。

　「この保育園にこの子を預けられたから、大変だったけれど安心して仕事もできた。親子で成長できた。次の子を産んで、またこの園に預けたい」と語られるような親子への支援が、保育士には求められている。

3．3歳児神話を超えて

　保護者には、乳児を預けることについて「かわいそう」と感じ、罪悪感を持つ心理があり、「子どもは3歳まで家庭で母親の手で育てないと、その後の成長に悪影響を及ぼす」という3歳児神話は根強い。

　3歳児神話の根拠となったのは、ボウルビィ（Bowlby, John 1907〜1990）による研究で、第二次世界大戦後の混乱の中で15人以上の子どもを一人の大人が保育していたような施設において、母性的な関わりが不足し、情緒的な問題がある非行少年を観察した結果述べられたことであり（いわゆる母性剥奪）、今日の保育現場には当てはめられないことも知らなければならない。

　厚生労働省は、3歳児神話の影響力の大きさに鑑み「3歳児神話には少なくとも合理的な根拠は認められない」［厚生省、1998］と発表している。アメリカ国立小児保健・人間発達研究所の長期追跡研究による大規模な調査からも、母親の手による保育と、保育所などでの保育による子どもの発達には差がないということが明らかになっている。発達に最も大きな影響を与えるのは保育の質であり、保育の質を確保するための条件は、

少人数制やよく教育された保育者であるということが明らかになっている［日本子ども学会編、2009］。

保育者は、保育の質を上げる努力を怠りなく続け、保育所での保育が子どもの健やかな発達に資することを、日常生活の中で保護者に実感してもらう必要がある。

4. 気質の違いが育児の大変さを決める

子どもの問題行動があったとき、「育て方が悪かったから」などと捉えることがあるが、トマスとチェスらは、新生児の観察と保護者へのインタビューから、新生児であっても行動パターンに一定のまとまりがあり、少なくとも3つの気質が見いだされると指摘した［Thomas et al., 1963］。

「楽な子 (Easy Child)」は、機嫌が良いことが多く、睡眠などの生理的なリズムが規則的で、新奇な刺激に対して肯定的に対応できる。「難しい子 (Difficult Child)」は、機嫌が悪いことが多く、生理的なリズムが不規則で、新奇な刺激に対して否定的なタイプと言える。「時間のかかる子 (Slow-to-Warm-up Child)」は、新奇な刺激には否定的で時間がかかるが、生理的なリズムや機嫌が悪くないタイプである。

これらの報告内容は、日本でも当てはまることが明らかになっている。「難しい子」の育児は予測がしづらく、否定的な反応のため育児の楽しさを味わいにくく、結果として適切な対応ができないことも容易に予想できる。子どもの気質によって子育ての大変さは大いに違うことを念頭に置いて、親子を援助していくことが重要である。

5. 乳児の生命が最優先され心身ともにリラックスできる環境

乳児はその未熟性のために、不慮の事故によって命を落としたり、感染症などが重症化したりしやすい。アレルギー疾患の乳児への個別の対応や、乳幼児突然死症候群 (SIDS) のリスクとしてのうつぶせ寝の回避など、保育士の役割は多岐にわたる。多くの乳児が過ごす保育所は、と

きにはインフルエンザなどの感染を媒介しかねない。乳児を預かる施設として、嘱託医との連携を緊密に図り、なにより保健的で危険のない、安全な空間をつくる必要がある。そのために保育室は、換気や水回り、衛生や動線を考慮した配置である必要があり、日々の清掃によっていつも心地よく、清潔に整っている必要がある。

　乳児にとって、保育室は重要な発達の舞台である。目が覚めているときには、その時の発達に合った、興味深く楽しい刺激が適切に配置された空間で十分に探索活動をすることが、なにより発達促進となる。食事の際は、季節を感じながら保育士や仲間と顔を見合わせて、楽しい食事時間が過ごせる空間を設定し、ときにはごろんとできる柔らかなソファや、安静な睡眠が保障される家庭的な空間づくりとその維持が、保育士の重要な役割である。

６．長時間保育への配慮

　乳児の保育は基本的に担任制で行われるが、保育所に長時間いる乳児の保育では、保育士間の連携が重要である。朝の登園時に家庭から伝えられた事柄、睡眠や授乳、体調、与薬、お迎え時間などが、正しく次の時間帯の保育士に伝わらなければならない。また保育士間だけではなく、調理師や看護師といった各専門分野の担当に必要な情報が行き渡るように心がけ、保育が切れ目なく安全に流れていくようにする必要がある。

　夕方や夜間の保育では、仲間たちが次々にお迎えで帰っていく中で、残されている乳児が機嫌を悪くし、ダダコネや強情で保育士を困らせることも珍しくはない。長時間の労働などを終え、急いで引き取りにくる保護者にとっても、ストレスのかかる場面である。このような場面では、心身共にくつろいで過ごせるようなスキンシップや、子守歌などによるゆったりした保育が必要である。乳児と保護者との再会が、できるだけスムーズに喜びに満ちたものであるような工夫が求められている。

第3節 愛着の重要性

1. 育ちの基礎となるきずな

エリクソン（Erikson, E. H. 1902～1994）は、人間の生涯発達の中で人生最初の発達課題は、乳児期に基本的信頼感を獲得することだと述べている。非常に未熟な状態で生まれてくるヒトの乳児は、特定の誰か（母親でなくてもよい）から繰り返し敏感で応答性に満ちた適切な世話を受けることで、自分の存在を肯定的に捉え、人への信頼感が育ち、これが生涯を通じた発達の基礎となる。ボウルビィは、乳児が大人に抱くこのような情緒的なきずなを愛着（アタッチメント）と呼んだ。安心できる誰かから愛情深い世話を受けて心身ともに守り育まれ、安全基地を得て初めて社会の一員となり、世界を信頼して外の世界を探検しにいくことができるのである。

2. 愛着行動の発達

愛着を示す具体的な行動を愛着行動と呼び、親がどこにいるかを目で追うような定位行動と、ほほえんだり身ぶりなどで自分にひきつけようとする信号行動、しがみついたり後追いしたりする接近行動、の3つの行動に分類される。またボウルビィは、以下のような段階を経て発達すると指摘している。

①誕生から3か月頃まで：人一般への定位と発信——誰に対しても、見つめたり泣いたり、ほほえんだりといった信号行動を行う。

②6か月頃まで：特定の人に対する定位と発信——人の弁別ができ始めており、日常的によく関わってくれる人に頻繁に発声やほほえみを示す。

③2〜3歳まで：発信移動による特定の人への近接の維持——人の弁別がさらに明確になり、特定の人に対する愛着行動が顕著に現れる。一方、見知らぬ人への恐怖と警戒心は強くなり、人見知りが始まる。母親を探索活動の安全基地として活用し、自分が安心と感じる範囲内で母親との距離を調節し、関わりを保ちながら遊びを行う。
④3歳以降：目標修正的協調性の形成——愛着対象者の感情や動機も洞察できるようになる。相手の行動の目的や計画を理解して自分の行動をそれに合わせ、修正することが可能となり、協調性に基づく関係が形成される。

3．愛着の質

　エインズワース（Ainsworth, Mary D. S. 1913〜1999）はボウルビィの研究を発展させ、愛着には質があり、見知らぬ場所での母子の分離場面と再会場面の観察（ストレンジシチュエーション法）によって特定できるとした。すなわち、満1歳児が見知らぬ部屋に母親といるという設定の中で、母親が部屋から立ち去ったときと戻ってきたときの子どもの反応を主に観察し、愛着の質を評価するという方法である。

　わが国の乳児の一般的な反応として、見知らぬ部屋に取り残された乳児は泣いて母親を求める。母親が戻ってきたときに、母親を求め、抱かれてまもなく機嫌が回復するようであれば、安定型の愛着が形成されたと考えられる。乳児は、安全基地である母親がいなくなって不安に突き落とされるが、戻ってきてくれた母親を歓迎し、抱っこされてまもなく安心して機嫌が直り、新たな探索活動に入れるというものである。この過程には、母親が安全基地として十分に機能しているという乳児の心理が示されているのである。

　一方、不安定な愛着の一つとして、アンビバレントという愛着の型がある。すなわち、戻ってきた母親に対して、抱っこを求めるが、なかなか泣きやまず反抗や怒りを見せるという行動を見せる。乳児の心の中で

は、母親が必ずしも安全基地として機能していないので、不安が大きく、母親を強く求める気持ちと分離への怒りや反抗が同時に現れるという心理である。また、わが国ではめったに見られないといわれているが、不安定な愛着の中には、再会時母親に対して視線や体の向きを避けるといった拒否型といわれるタイプもある。乳児の求めに対して母親が常に拒否的な対応をしているような場合に起こるといわれる。

近年確認され、予後の精神病理が心配されるのが混乱型である。再会時に、母親を求める行動と回避する行動が混在しており、凍りつくような行動が特徴だといわれる。虐待があるような場合に、本来安全基地として機能するべき対象が恐怖や不安をかき立てるような場合に、乳児は愛着を向ける方向を見失ってしまい、無方向・無秩序な愛着行動が起きるといわれている。

4．安定した愛着を支える保育

一般に多くの子どもは、母親を第一愛着対象としてその後の人間関係の基礎を築く。この関係性が安定したものであれば、乳児は人間を信頼し、その後の人間関係を広げていくことができると考えられている。安定した愛着を築くための条件として繁多進（1938～）は、子どものシグナルに対して敏感に適切に対応すること、ある一定以上の量の母子相互作用があること、この関わりが喜びを持って行われることだとしている［繁多、1987］。

24時間365日の育児は、経験しないと分からない重労働である。孤立し、疲れ切ってしまった母親は、乳児の泣き声が自分を責めるように感じるといわれている。そうなると母子相互作用が重荷に感じられ、敏感に適切な対応ができないだけでなく、虐待につながる可能性すらある。

保育所が子どもを預かることによって、母親は一度荷を下ろし、一息つくことができ、リフレッシュしてまた子育てに取り組むことができる。また、乳児の求めを敏感に察知して上手に対応している保育士をモデル

とすることによって、保護者の子育て能力が上がることもあるであろう。

初めての育児では、肯定的に子どもを見られない場合も多い。第2子の誕生によって、おむつをはきたがるようになった上の子にイライラしてしまう、というような事例は珍しくない。

「Aちゃん、お母さんが忙しいので、もう僕のこと好きじゃないのかな、って心配になって赤ちゃん返りしているようですね。イライラしたり心配に思うかもしれないけど、よくある反応ですよ。たくさんスキンシップして安心させてあげればだいじょうぶ、だんだんお兄ちゃんになって、おむつ外しもうまくいきますよ」

このように保育士は子どもの姿を肯定的に母親に伝え、共に子ども育ちを喜ぶ者として寄り添うことで、親子の安定した愛着形成を支えているのである。

母親との関係が、その後の人生における人間関係に多くの影響を与えることは想像に難くない。乳児期に母親との関係が安定している乳児は、幼児期や児童期、その後を通じて、他の人間関係においても安定した関係性を築きやすいと考えられている。

しかしながら、母親との愛着が不安定であっても、保育士との間の安定した愛着を足がかりに、教師をはじめとする他の人間関係で健やかなきずなを結べたといった例に見られるように、乳児期の母子間の愛着の質がその後の人生にとって決定的だという考えは行き過ぎであろう。保育士は、家庭での愛着が不安定な乳児に対しては、ことさらに保育の中で乳児の求めに常に敏感に応答的に対応し、第二の安全基地として安心感を与え、信頼できる人間関係を体験させることが、乳児にとって、一生を通じた支えになるのである。

5. 担当制

心身ともに未熟な乳児期にはなおさらのこと、特定の大人が日々関わることで、保育所での心身の安定が得られる。いつものB先生だから要

求を出せる、気持ちを表現できるということが重要なのである。保護者にとっても、AのことはB先生なら分かってくれているということが大きな安心感や信頼感につながる。したがって乳児保育においては、できる限り一人の保育者が担当して保育することが望ましい。しかし、複数担当制のため一人の保育者が継続して世話できない場合も考えられるであろう。例えば、クラスの保育士間でおむつ替えや食事の世話などは担当を守り、それ以外では、全員で見る、また勤務の切れ目での連絡を密にするといった話し合いを重ね、一人ひとりの乳児が安心できる関係に守られながら日常を過ごすように配慮することが必要である。

【引用・参考文献】

内田明香・坪井健人『産後クライシス』ポプラ社、2013年

厚生省監修『平成10年版厚生白書』ぎょうせい、1998年

厚生労働省「『健やか21』最終評価報告書」2013年

厚生労働省「平成23年度全国母子世帯等調査結果報告（平成23年11月1日現在)」2012年

繁多進『愛着の発達』大日本図書、1987年

日本子ども学会編『保育の質と子どもの発達　アメリカ国立小児保健・人間発達研究所の長期追跡研究から』赤ちゃんとママ社、2009年

Meltzoff, A. N. & Moore, M. K., "Imitation of Facial and Manual Gestures by Human Neonates," *Science*, No.198, 1977, pp.75-78

Scammon, R. E. "The measurement of the body in childhood". In: Harris, J. A., Jackson, C. M. D., Paterson, G. & Scammon, R. E. eds. *The measurement of man*, Minneapolis: The University of Minnesota Press; 1930, pp.173–215

Thomas, A., Chess, S., Birch, H., Hertzig, M. & Korn, S., *Behavioral individuality in early childhood*, New York University Press, 1963

第3章

0歳児の発達と保育

松本　佳子

第1節 6カ月未満の発達

　保育所保育指針では、子どもの発達過程をおおむね8つの区分として捉えている。発達には一定の順序と方向があり、身体面なら頭部から臀部、体の中心から末端の方向に発達する。身体面や精神面、社会面等は相互に関連し合いながら発達していく。生後の1年間は一生涯の中でもやり直しがきかない時期といわれる。空腹が満たされ、沐浴やおむつ交換などで清潔にしてもらい、安心して生理的欲求が満たされる環境の中で、保育者との基本的信頼関係が形成され、自我が芽生えていく。

1．新生児期

　生後4週間までの時期を新生児期という。今まで母親の胎盤を通して栄養や酸素が送り込まれていたが、これからは自らの力で栄養を取り、呼吸をしていかなければならない、生活するための環境に適応する重要な時期と言える。

(1) 身体的発達

　出生時の身長はおおむね50cm、体重は3000gである。
　生後3～4日たつと、胎便や尿等の排泄、栄養成分の摂取不良、皮膚からの水分喪失により出生時体重の3～10％減少する。これを生理的体重減少という。哺乳量が増加すると体重は徐々に増加し、生後7～10日で出生時体重に戻り、その後は増加していく。
　日本人の新生児の多くは、臀部に蒙古斑という青いあざが見られる。5～6歳で消えるが、四肢や体幹部にできる場合があり、この場合は通常より消えにくい傾向にある。また新生児の多くには、生後5～7日をピークに新生児黄疸が現れる。肝臓機能が出来上がってくるにつれ徐々

に消え、生後2週間くらいで消失するので心配いらない。

(2) 感覚的発達

新生児の視力は0.01～0.02くらいといわれる。20～30cm程度にしか焦点を合わせられないが、それは母親が授乳のために子どもを抱く距離に一致する。そして物や風景よりも人の顔を好んで見るという実験結果も報告されている。

音に対する反応は胎児のうちからある。妊娠20週目以降には耳の内部の器官が形成され始めるので、母体内外の音が聞こえていると考えられる。泣いている新生児に母親の心臓音を聞かせると落ち着くということが、実験的に確かめられている。

なお、両耳に聴覚障害を持つ乳児は1000人に2～3人といわれる。出生後、入院中か生後1カ月以内に新生児聴覚スクリーニング検査を受け、聴覚障害を早期に発見し、適切な指導を受け、言葉の発達を促したい。

(3) 保育の留意点

呼吸は1分間に40～50、脈拍は100～150回前後で、月齢とともに徐々に減少していく。新生児は体温が変動しやすいので、保温に注意したい。

睡眠時間は19～20時間で、一日の大半である。空腹時には泣いて知らせ、満腹になるとまた眠るといった状態が続く。授乳量および回数は個人差があり一概には言えないが、一日7回～8回、1回に100ccくらいとされている。母乳育児の場合は、尿の回数や量等、新生児の様子をよく観察し、欲しがったら与えるという方法を繰り返す。味覚はよく発達しており、甘味と旨味を好む傾向にある。酸味、塩味、苦味は生後に学習する味である。

生後1カ月を過ぎたら、穏やかな天気の日に外気浴を始める。日光や風が直接当たらないように、最初は手・足等の先端から始め、徐々に範囲を広げていく。光を感じることで、昼夜を区別するきっかけにもなる。

2．産休明け児

産休明けの57日の乳児から預かる産休明け保育所も一般化しつつある。なお、産後6週間を経過した女子が就業を請求した場合において、医師が支障がないと認めた業務に就かせることは差し支えないため、生後43日から預かる産休明け保育所もある。

(1) 身体的発達

生後2カ月の間に、およそ5kg、58cmになる。腹ばいの姿勢をとらせると、しっかり首を持ち上げる。しかし完全に首がすわるのはもう少し先になるので、抱くときはしっかり首を支える。仰向けにしてやると、手足をバタバタさせてよく動く。おむつかぶれや、皮膚の触れ合っている箇所、顔面、頸部に湿疹ができやすいので、清潔を保つことには気をつけたい。

生後2カ月頃から、母親からもらった免疫の代わりになる、乳児の健康を守るための予防接種も始まる。授乳は3時間間隔となり、哺乳量も一定してくる。夜間に長時間眠るようになるが、まだ一日に19時間程度の睡眠時間が必要である。行動面では反射的なものが多いが、いろいろな行動をしたときにそれを意味づける言葉掛けをしてやるとよい。そこから自然に言葉を覚えていく。

(2) 感覚的発達

1～2カ月頃には、追視や注視ができるようになる。天井からつるしたオルゴールメリーを飽かずに見つめ、上下左右に瞳を動かすことができる。母親等が抱いて話しかけると、顔をじっと見つめるようになる。しかし追視できる範囲は狭いので、乳児の視野に顔を近づけて声を掛けてやる。1カ月頃には、突然の音にびっくりして手足を伸ばしたり、近くで声を掛けるとその方向へ顔を向けたりする。2カ月になると騒ぎ声や

掃除機の音に目を覚ましたり、声を掛けると喃語(なんご)を出して喜んだりする。静かな音楽をじっと聞いたり、泣きやんだり、表情が変わったりすることもある。

3. 3～5カ月児

保育所では3カ月になると、産休明け児保育室から徐々に0歳児保育室への移行が始まる。しだいに大脳で判断する力がつき、細かった手足には皮下脂肪がつき丸みを帯びた体になってくる。あやすとニッコリ笑って表情が豊かになってくる頃である。

(1) 身体的発達

3カ月で身長はおよそ13cm増え、体重はおよそ2倍になる。身体の発育・発達のスピードは非常に速い。首がしっかりし、4カ月で90%の乳児の首がすわる。首がすわったら縦抱きにすると乳児の視野が広がる。寒い時期なら暖かい時間帯に、暑い夏は午前の涼しい時間帯に、帽子や日よけを利用して体温に気をつけつつ散歩に行くことができる。5カ月になると、寝返りを打てる乳児も多くなり、動作に変化が出てくる。

多くの自治体では、発達の一つの節目である3カ月に検診が行われる。身長・体重等の身体発育面、視覚、聴覚、栄養状態等の確認をする。離乳食は、押し出し反射が衰退する5カ月頃に開始する。

(2) 情緒・社会性の発達

周りの人があやすと、声を出して笑うようになる。一方で、いなくなると目で追って泣くなどの行動をとる。はっきりした意味を持たない「あー」「うー」等の喃語を発するが、しだいに自分の要求を声で使い分けるようになる。保育者等の特定の大人との関わりの中で、愛されること、愛することを知り、基本的信頼関係が育まれていく。この信頼感が、後の社会性の発達へとつながっていく。

第2節 6カ月〜1歳3カ月未満の発達

　乳幼児は、直線的な発達をしているわけではない。行きつ戻りつしながら徐々に発達していく。発達の順序、連続性を踏まえることはもちろん、専門職である保育士は乳幼児に寄り添い、繰り返し援助を行い、一人ひとりの力を認めていきたい。

1. 6〜9カ月児

　6カ月児から受け入れる保育所もある。発育・発達面での節目の月齢でもある。この時期は、情緒、社会性の発達が著しく、今までの受動的な行動から、能動的な行動が目立ってくる頃である。体全体の運動発達のみならず、手指の発達もめざましい。

(1) 身体的発達

　体重は1日約10〜20g増加し、身長は1カ月に約1〜1.5cm伸びる。支えると、少しの間なら座っていられる。背中が丸まっていたり、すぐ

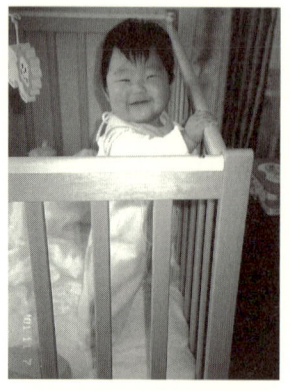

つかまり立ちをする8カ月児　　お座りが上手になった9カ月児

にコロンと転がってしまったりするが、7カ月くらいになると、数秒間は支えなしで座っていられるようになる。

　下の歯2本が生えてくるのが6カ月頃である。自分で食べる力を養う重要な役割を果たすものであり、かむ力のみならず骨格や発音までも左右するので、ケアを怠ってはならない。なお、1歳を過ぎても歯が生えてこない幼児もいるが、個人差なので心配はいらない。離乳食も進めてよい。

　乳児はへその緒を通じて母体から免疫をもらうが、この抗体は生後6カ月頃にはなくなるため、予防接種が必要になってくる。予防接種がある病気は、かかった場合に重篤になったり合併症を引き起こしたりする可能性のあるものばかりである。乳幼児の健康を守るためにも、予防接種を受けさせたい。

(2) 情緒・社会性の発達

　身近にいる保育者と他人との違いが分かるようになり、人見知りが始まる。以前に抱っこしたことがある人が抱こうとしても、嫌がって大泣きしたりする。これは情緒が発達してきた証拠なので心配いらない。

　また、手を上手に動かせるようになり、手を出して触ったり、なめたり、たたいたりするが、まだ熊手づかみなのですぐに落としてしまい、かんしゃくを起こすことが多い。記憶力も高まり、保育者の身ぶりをまねて「ニギニギ」をしたり、「イナイイナイバア」等のあやし遊びを喜んでしたりするようになる。保育者との信頼関係を基に、探索活動も活発になってくる。

2. 10カ月〜1歳3カ月児

　つかまり立ちから歩行が始まる。歩行が自由になると、行動範囲も広まる。外への関心も高まり、喃語にも抑揚がついてくる。簡単な言葉が理解できるようになり、自分の要求や思いを身ぶりで伝えようとする。

行動は衝動的なので、思いがけないけがに注意したい。

(1) 身体的発達

生後1年で、身長が生まれた時のおよそ1.5倍、体重がおよそ3培になる。手指の機能が発達し、親指と人差し指で物をつまんだり、スプーンを持ってすくって食べようとしたりする姿が見られる。手づかみ食べを十分にさせることにより、目と手と口の協働ができるようになり、食器や食具が上手に使えるようになってくる。

午睡は午前・午後の2回必要だが、1回に3時間くらいまとめて午睡をとれる乳幼児もいる。一日の睡眠時間は11時間から13時間くらいである。

1歳くらいになると、排便の回数や時間がほぼ決まってくる。そのタイミングを見計らって、おまるに掛けさせてみる。失敗しても叱らずに、成功したときは褒めてやる。何回も繰り返すうちに習慣がついてくる。

(2) 情緒・社会性の発達

1歳を過ぎると、愛情・得意・怒り・嫌忌・恐れなどの感情をはっきり表すようになってくる。人見知りが和らいでくる頃で、特定の大人との愛着がしっかり形成されていれば、他の大人との関係も広げていけるようになる。さらに1歳半くらいになると、他の乳幼児への愛情も表れてくる。

ヨチヨチ歩きが始まると外へ出ることを好み、保育者が手を出すとそれを振り切り、一人で歩こうとする。コップを自分で持って飲んだり、スプーンやフォークを使って、こぼしながらも食べようとしたりする姿が見られる。自立心の強さの表れである。

このようないろいろな欲求に応答的に関わりながら、自らしたいという意欲を大切にしたい。言葉で返しながら、コミュニケーションへの意欲、楽しさを伝えていくことが重要な時期である。

第3節 保育所の一日

　乳幼児期は、精神的にも、身体的にもそして社会的にも発育・発達が著しく、その育ちを担う保育所の役割は極めて大きい。個々の家庭の状況や保護者の意向、地域の実態等を把握し、乳幼児主体の環境を整えていくことが、保育者の重要な役割であろう。

1．基本的生活習慣

(1) 食事（授乳）

　生後3カ月までは3時間おき、5カ月くらいまでは4時間おきに授乳をするが、保育所では午前1回目の授乳から考えて、個々のリズムを作りつつ授乳時間を調節していく。調製粉乳は、その成分を母乳に近づけたもので、母乳に不足しがちな鉄分を強化し、銅・亜鉛を添加している。

　搾乳した母乳を冷凍し保育所に持参し授乳するという、冷凍母乳を希望する保護者もいる。冷凍母乳を預かるに当たっては、入園前に何点かの約束をしておく。保育所は24時間の冷蔵庫管理はできない。入園前に保護者に理解を求めることが大切である（図表1）。

図表1　冷凍母乳を預かるに当たって

1　24時間以内に搾乳したものを冷凍し、ラベル（氏名・搾乳月日・時間等）を貼る。翌日の視診時に特定の職員（栄養士等）が預かる。 2　流水かぬるま湯で解凍し、解凍した冷凍母乳を哺乳瓶に移し替えて授乳する。入園前に、哺乳瓶の乳首の感触に慣らしておく。 3　解凍後、授乳直前に眠ってしまった場合は廃棄することもある。 4　冷凍母乳は1日分ずつ預かり、使わなかった分は降園時に返却する。 5　母乳が絞れなかった翌日は、調製粉乳を与えることになる。

（筆者作成）

(2) 食事（離乳食）

　母乳または調製粉乳から、1年半くらいかけて幼児食に移行する過程が離乳ある。乳幼児の摂取機能は乳汁を吸うことから、つぶしたりかんだりして飲み込むことへと発達する。摂取する食品の種類が増え調理方法も変化していく。画一的な進め方にならないよう、また食べる楽しさを体験できるよう配慮する。

　離乳食は、首のすわりがしっかりし、舌提舌反射（ぜつていぜつ）が減弱してくる5カ月頃に開始する。ドロドロベタベタ状のものを1種類1さじから始める。離乳食からの栄養は期待できないので、食後に乳汁を十分に与える。

　7～8カ月には1日2回食にする。舌でつぶせるくらいの固さのものを与え、食品の種類を増やしていく。いろいろな舌触り、味に慣れる時期である。素材そのものの味を大切にし、味付けは薄くてよい。食後の乳汁は少しずつ減らしていく。食事で生活リズムをつけていくとよい。

　9～11カ月には、歯茎でつぶせるくらいの固さにする。スプーンを2本用意し、1本を乳児に持たせ、自ら食べようとする気持ちを大切にする。食欲に応じて離乳食の量を増やしていく。なお、鉄分が不足しないようレバーや赤身魚を取り入れるとよい。食後の乳汁は50cc程度と少なくなり、離乳食で栄養がとれるようになっていく。形ある食物をかみつぶせ、栄養素の大部分が離乳食でとれるようになったら離乳の完了である。1歳半くらいが適当であろう。

　手づかみ食べが上達してくる時期なので、おにぎりやスティック状に切った野菜などを持たせ、自分で食べようとする意欲を大切にする。食後にはお茶を飲ませたりガーゼで歯を拭いたりして、衛生面にも気を配る。乳汁から牛乳に切り替える時期については、家庭とも連絡を取り進めていく。

(3) 排泄

　保育所では布おむつ、家庭や外出時は紙おむつと、使い分けをしてい

る保護者も多い。離乳食前や後、午睡後等、おおよその時間を決めて取り替え、清潔にすることの気持ち良さを感じさせる。乳児は腹式呼吸をしているので、きつく締めすぎず、また、ばい菌が入るのを防ぐため、へそにかからないように気をつける。お座りができるようになったら、おむつが濡れていないときにおまるに座らせてみるのもよいが、立って歩けるようにならないとトイレトレーニングは難しい。

(4) 睡眠

離乳食後に午睡に入る。食事の片づけ、歯の衛生、おむつ替え後、パジャマに着替えさせる等、保育士にとっては慌ただしい時間になる。

午睡中も、乳幼児の観察を怠ってはならない。乳幼児突然死症候群（SIDS）は、うつ伏せ寝や横向き寝で起こる場合もある。仰向け寝にし、表情や呼吸の有無、発汗の他、室温、湿度にも注意する。

午睡から覚醒したら、体温を測り記録する。乳幼児は大人より体温が高く、また泣いたり授乳したりすることによっても体温が変化する。日によって、また一日の中でも時間帯によって体温は変化するので、ふだんの健康時の体温を知っておくことが大切である。

(5) 清潔・着脱衣

新陳代謝が盛んなため、生活全般にわたり清潔に気をつけたい。温度、湿度の高い夏には沐浴を行う。着脱のときには身体の状態を観察する。虐待予防や早期発見、保護者への援助も保育士の大切な役割である。

乳幼児は舌先で物を確かめるため何でもなめる。これは免疫力をつけるためでもある。おおよそ1歳半くらいまでは続く。保育者は、なめてもいいように常に玩具や身辺の清潔に心がけたい。また39mm（トイレットペーパーの芯くらいの大きさ）未満のものは喉に詰まってしまうので、手の届く所には置かない。

乳幼児は抵抗力が弱く、集団では一人の病気が次々に感染してしまう

おそれがある。今流行している感染症、これから流行が懸念される感染症等、常日頃から保護者への連絡を忘れてはならない。また保育者自身の健康管理に注意することはいうまでもない。

2．保育所での生活

(1) 0歳児クラスの生活

登園時の視診は一日の保育の始まりである。昨日の降園から今朝登園してくるまでの状況や、その日の体調をしっかり受け止める時間である。0歳児クラスの場合、個々の生活リズムを大切にしつつ月齢により低月齢、中月齢、高月齢グループを作り、日々保育を行うところが多い。自由遊び、排泄、離乳食、午睡、目覚めという一日の流れを、家庭と連携しながら調節していく。9カ月を過ぎてくると、日中は遊び、午睡は午後に1回まとめてとれるようになってくる。

乳児の場合、体温調節のしくみが大人に比べ十分ではないため、活動の区切りごとに検温を行うとよい。環境の温度や衣服の着せ方などに常に注意したい。

図表2　保育所の一日の例

時間	6〜8カ月	1歳児
7:30〜	順次登園 視診（顔色・機嫌・皮膚の状態）・検温・おむつ交換・保護者との連絡・自由遊び	順次登園 視診（顔色・機嫌・皮膚の状態）・検温・おむつ交換・保護者との連絡・自由遊び
9:00	クラス保育・自由遊び （授乳・午前睡）	クラス保育・補食 自由遊び
10:00	おむつ交換	
10:30	離乳食・授乳	おむつ交換
11:00	午睡	離乳食〜幼児食
11:30		パジャマに着替え午睡
14:30	起床・検温・おむつ交換	起床・検温・おむつ交換
15:00	授乳（・補食）・自由遊び	おやつ・自由遊び
17:00		
18:00	順次降園・保護者との連絡	順次降園・保護者との連絡

（筆者作成）

(2) 1歳児クラスの生活

　生活リズムが安定し、クラスの予定（デイリープログラム）に沿った活動ができるようになってくるが、まだ月齢による差が大きく、個々への対応が必要な時期である。

　1歳半くらいを目安に、離乳食から幼児食に移行する。食事時間を徐々に遅らせ、十分に遊びの時間を取り、日中の活動時間を充実したものにしたい。また午睡前には、歯磨き、パジャマへの着替えを習慣づける。

　延長保育の子どもは、夕方眠くなることもあり、午睡が必要な場合もある。夕食が遅いための軽食も、個々に合わせ用意したい。

【参考文献】

　加藤紀子『保育者のための乳幼児心理学』大学図書出版、2006年

　咲間まり子編著『乳児保育』大学図書出版、2013年

　待井和江・福岡貞子編『乳児保育〔第8版〕』（現代の保育学8）ミネルヴァ
　　書房、2012年

　『保育所保育指針解説書——2008年3月発表』ひかりのくに、2008年

第4章

1歳児の発達と保育

髙橋　美保

第1節　1歳3カ月～2歳未満の発達

1．運動機能の発達と保育

　立位歩行、道具の使用、言葉の獲得と生活が劇的に変化する時である。歩行は完成し、足の裏全体を使う直立二足歩行をするようになる。生活空間が広がり、よじ登る、もぐる、走る、跳ぶなど、さまざまな運動機能が発達し始め、繰り返して、遊びへと広がっていく。食事場面においても離乳が完了し、手づかみ食べからスプーンやフォークを握って食べるなど、手首や指先の発達とともに、食具を持ちすくって食べるようになる。

　言葉も一語文から二語文へと変化し語彙も増え、自分の思いを伝えようとする。外界への関心も高まり指差しが盛んに見られるが、言葉によるコミュニケーションもしだいにとれるようになる。身近な大人の行為を模倣し、具体的なものを介してやり取りするようになり、日常的な行為を再現する見立てつもり遊びが多くなる。また自我が芽生え始め、できないことでもやりたがり、友達の持っている物を欲しがるなど、子どもどうしで物の取り合いなどトラブルも多くなる。

(1) 全身運動の発達と姿勢の変化

　歩行開始時期は通常、10カ月前後から1歳半前後と個人差が非常に大きい。伝い歩きから一人で立てるようになるが、バランスが崩れ尻もちをつき、繰り返すうちに自分で歩けるようになる。膝を少し外側に曲げ、腕でバランスをとるように歩くが、しだいに直立姿勢で、腕は下ろし振りながら、足裏全体で歩くようになる。

　歩行が安定すると、手に物を持って歩く、跳ぶ、ボールを追いかけて

走るようになる。行ったり戻ったりを繰り返し、方向転換ができるようになるなど、運動機能の種類も増すが、不慣れなため危険を伴うことや失敗も多い。事故やけがには十分な配慮が必要である。

前半期

全身運動が活発になり、いすや台によじ登り立ち上がる、狭い所に潜り込むなど、じっとしていない。支えると足を交互に出して階段を登る。

後半期

保育者がそばにいれば、ボールを投げる、砂山に登る、鉄棒にぶら下がる、三輪車を押し足で蹴って走らせるなど、遊具で遊ぶ。自分で歩きたがる。

(2) 手指操作機能の発達と認知能力

つかむ、つまむ、放す、手渡すなどを繰り返し、物を介してやり取りが成立する。やり取りは、認知能力と手指の操作機能の発達を意味し、この頃から指差しで自分の意志を伝えようとする。1歳頃、親指と人差し指でつまむ「ピンチ把握」ができるようになると、ページをめくる、食具を使って食べるなど、物を操作する力を獲得していく。

引っ張る、回す、押す、重ねる、すくうなどの動作において、指先の力の入れ方や目的に応じた使い方・扱い方などコントロールする力が身につくと、テレビのスイッチを押す、ドアノブを開閉する、スプーンですくうなど、生活動作を模倣しながら習得していく。

前半期

親指と他4本の指を対向させ把握できると、鉛筆やクレヨンを握り、左右に動かし無秩序な線を描くようになる。しだいに一定方向に往復描きし、グルグルとなぐり描きをする。また、積み木を詰むなど自発的な遊びを通し、さまざまな手指の動作を繰り返し、物の動かし方や操作の仕方を身につけていく。手の感触を自分で確かめながら存分に楽しむ。

後半期

　ピンチ把握ができると、ねじる、ちぎる、回すなどの操作が容易になり、シャベルですくいカップに入れる、ひっくり返して形を作る、積み木を積み上げ並べて遊ぶ、スナップをはずす、靴を脱ぐ、スプーンですくって食べるなど、生活操作の力が身につく。象徴機能が発達する時期であり、簡単なごっこ遊びを通して、自発的に手指の操作や生活動作が身につくように援助したい。

2．対人関係の発達と保育

　1歳前後に意味ある単語を発するが、その時期は離乳完了の頃と重なる。食事や遊びの場面は人との関わりの場であり、適切な言葉掛けは子どもの情緒を安定させ、対人関係に興味や関心を育てることになる。

前半期（一語発話）

　初語が出ると一語で自分の思いを伝えようとする。その一語からはさまざまな表現が読み取れ、例えば「マンマ」という一語でも、文脈やイントネーションによっては「食べ物」以外に、「おなかがすいた」「食べてもいい？」といった意味を持つ。最初に獲得される50語の約半数は名詞で［Benedict, 1979］、人や身近な動物、物（玩具など）を指し、次に動作語（バイバイ、チョウダイ）や修飾語（オイチイ）、個人語（ヤダ）などで、見るもの触れるものほど早く言い表す傾向にある。大人の行動や指示を理解し片言で答えるが、分離不安が強まり、後追いや大泣きをする。しだいに要求や感動を言葉で伝え、伝達の手段となる。

後半期（文の形成と会話）

　1歳半過ぎには身ぶりや表情、声のトーンを変化させ、自分の感情や欲求を表す。しだいに二語文で発話するようになると急に語彙が増え、「ママ、キエイ」「アレ、ナニ？」「○チャン、ネンネ」など、名詞以外に動詞や形容詞を使うようになり、「アメ、フッテチタ」など主語と述語の二語文を使って応答し、会話するようになる。1歳半から2歳にか

けて、語彙量は180前後に達する。

言葉によるコミュニケーションが盛んになると、やり取りの中で「見立て」や「つもり」が出始め、イメージを膨らませて遊ぶようになる。自己認識が育ち、情緒面でも喜怒哀楽を表すなど、感情表現が豊かになる。一方で、友達と物の取り合いやトラブルも多くなる。

3. コミュニケーションの発達（人との関わりと言語）

この時期は自我の拡大期であり、物や人との関係性を広げていく。好きなこと、興味あることに打ち込み、集中力や持続性も増すが、自分の思いどおりにならないと、自己主張やかんしゃくを起こすなど、いわゆる「だだこね」が出現する。しかし、はしゃぐ、得意になる、喜ぶ、恥ずかしがる、すねる、怒るなど感情の分化も進み、他者と気持ちを共有するようになる。親や保育者の励ましや態度が、子どもの探索活動や言語の獲得、生活や遊びなどに大きく影響する時である。

第2節 発達に沿った保育内容と保育技術

1. 基本的生活習慣「食事」の獲得と保育

乳児に引き続き発育や発達が盛んな時期であり、十分なエネルギーや栄養素を必要とする。しかし消化吸収や代謝の機能は未熟であり、摂食機能も発達途上で、乳歯20本全ては生えそろってはいない。

離乳は12カ月から15カ月、遅くとも18カ月までには完了するが、個人差も大きく、手づかみ食べから食器や食具を使って食べるなど、咀嚼（そしゃく）機能や食行動が変化し、自立へ向かう時である。そのため、食品の種類や量、調理形態に十分留意し、食べる意欲を培う食事の提供を心がけたい。この時期の食生活のあり方は、子どもの情緒の安定と深く関わる。発育

や発達に影響を及ぼす心の育ちに留意し援助したい。

(1) 食べる機能の発達

離乳完了の捉え方

　離乳の完了とは、形のある食べ物をかみつぶすことができるようになり、栄養素の大部分が母乳または育児用ミルク以外の食べ物から取れるようになった状態をいう。その時期は13カ月から15カ月、遅くとも18カ月頃である。離乳の完了は、母乳または育児用ミルクを飲んでいない状態を意味するものではない。

　口唇や口角、顎が自由に動かせる、頬を膨らませ、萌芽した乳臼歯でかみつぶせるなど、摂食機能を観察し離乳の完了を見定めるが、離乳が完了しても乳歯が生えそろう3歳頃までは咀嚼力は未熟であり、食べ物の大きさや硬さ、臭いなど、調理形態には十分な配慮が必要である。咀嚼運動の完成期ではあるが、直立二足歩行ができている、言葉を発している、など運動機能や言葉、情緒の発達も併せて見極めたい。

移行期食の位置づけ

　乳児から幼児への移行期には、栄養バランスを図り味付けは薄味などを徹底し、一口で処理できる大きさや調理形態、分量に配慮した移行期食を位置づけたい。乳歯20本が生えそろうまでは、口腔内で処理できる調理形態や一口で食べられる時間を考慮し、子どもの様子を観察しながら食事援助に当たる。

　食事は食欲を満たす行為であると同時に、口にしたときの硬い、軟らかい、冷たい、甘い、酸っぱいなど、食材の持つ食感や味覚を脳に記憶する感覚の体験的な学習でもある。味わって食べる子どもに育てるには、食べる楽しみが増すような言葉掛けや環境整備も重要である。

(2) 食行動の発達と援助

食行動の自立獲得に向けて

　手のひらで握る動作から親指と人さし指でつまむ動作に移行し、手でつかんで食べる時期である。無理に食具を使わせず、手づかみ主体の発達を重視し、手指の機能をチェックする。初めはかみ取ることができず、口腔内に指で押し込む動作が見られるが、徐々に口唇で食べ物を固定し、一口量を取り込むようになる。食べ物を取り込むたびに、食べ物の方へ旋回する頭部の動きや、口角から取り込む動きが、徐々に前を向き口の中央で取り込むようになる。

　咀嚼と手指の発達は並行しており、目と手と口が調和した動きを観察し、食行動の自立へと移行していく。食具を持って食べるようになると、上手握りから下手握り、対向持ちから鉛筆持ち（手首のひねり）に変化していく。

スプーンの持ち方

上手握り 　　下手握り

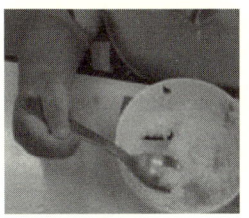

対向持ち 　　鉛筆持ち（手首のひねり）

出典：〔さいたま市、2011〕

食べる意欲を育てる

　1歳半頃には、こぼしながらも自分でスプーンを持って食べるようになる。食べる意欲を育てるには、リズムのある生活と空腹の体験が必要である。食事時間を定点に一日の生活を規則正しく営むと、生活リズムが確立され、生活に流れができてくる。覚醒時に空腹を感じるようになると、食事や遊びへの意欲も高まる。

(3) 食事のトラブルと援助のあり方

　この時期は、食欲が落ちる、量や好みにムラが出る、食べたいものだけ食べる、嫌いなものは吐くなどの問題行動が見られるが、自我の芽生えによる精神の不安定さから生じるケースも少なくない。一過性と考えられる場合は、栄養摂取に不良がない限り見守るが、体調や朝食の有無、おやつの量や活動量などを総合的に観察し対応する。

　1歳過ぎで入所する子どもに、咀嚼不全や偏食が強い子どもがいる。家庭と密に連携をとり合い、情報交換しながら保育者と調理担当者で食品構成を検討し、協力体制のもと家庭に向けた指導が望まれる。

2．基本的生活習慣「排泄」の獲得と保育

　排泄の自立は、脊髄にある中枢神経系統の発達に伴うが、個人差があるため、子ども一人ひとりの状態に合わせ、働きかけて進めたい。

(1) 排泄の生理機能と発達

　乳児は大脳が未発達で、膀胱や直腸に一定量の尿や便がたまると脊椎の反射中枢神経が働き、反射的に排泄する。2歳頃になると、大脳の発達に伴い運動（姿勢）や知覚神経などが発達し統合されて、便意や尿意を知覚し、自らの意志で調節して随意的に排泄する。

　排泄機能の完成は、排尿が3歳頃、排便は5歳頃となる。

排尿

　尿を生成する腎臓は胎生10週で機能し、2歳で成人とほぼ同様な働きになる。1歳を過ぎると、神経系統の発達が進み大脳皮質の機能が関与し、膀胱に尿がたまった刺激が大脳皮質に伝わり尿意を自覚する。膀胱に貯まる量が増えると、尿意を抑制する機能が調整され、日中の排尿間隔が長くなる。そのため1歳半頃から自分の意志で我慢するなど、排尿調整ができるようになる。

排便

　1歳を過ぎると、大脳皮質の機能が整い便意を感じるようになる。1歳半から2歳頃には、排便の予告ができるようになるが、自立は4歳頃を目安にする。便はしだいに硬くなり腹筋へのいきみが必要となるため、夜間の睡眠中の排便は減少する。便性で子どもの健康状態を観察するが、離乳食が進むと便は固形便になり、臭いも強くなる。食欲や機嫌、顔色など総合的に観察し判断する。

(2) 排泄の世話と自立に向けた援助

　発達の個人差に留意し、焦らず褒めながら、ゆっくりと段階を踏み、自立に向けたきめ細かな援助を心がける。

トイレットトレーニング

　開始の目安は、歩くようになった、身ぶりや言葉で便意や尿意を表した、やり取りが可能になった時とし、尿間隔が2時間開いたら開始する。排泄機能の開始時期、進み方、完了の時期には個人差があり、調節に関わる自律神経系統の働きは、精神状態が関与する。①便・尿意を告げる、②便器に座る、③排泄する、④その過程で失敗しても叱らない、⑤逆戻りしても日を開けてやり直す。また、季節や気候についても十分配慮しながら進める。

便器に慣れる

　1歳過ぎには尿間隔がほぼ決まり、おむつ交換時に濡れていなければ便器に座らせ準備する。出たら褒めるなど心地良さを体験させ、1〜2分経過しても出ないときや嫌がるときは切り上げる。

3．遊び

　行動範囲が広がり、見る、聞く、触れるものに興味や関心が高まる。物を介して人と触れ合うことが多くなり、楽しいことも葛藤も体験する。遊びが広がるとトラブルも多発するが、保育者は子どもの欲求を理解し、

指差して伝える 　　　ブロックで遊ぶ 　　　木馬に乗って
(こどもの森保育園)

気持ちを整えるようになだめ、遊びをつなげていくことが大切である。

　前半期

　全身粗大運動が活発になり、ボールを投げ、蹴り、追いかけて遊び、音楽に合わせて体を動かしリズムを楽しむ。象徴機能の発達により、物や人を介して見立てつもり遊びをするようになる。手指の巧緻性が高まり、小麦粉粘土や殴り書き遊びを楽しむ。砂場では、シャベルでバケツに砂を出し入れし、砂をたたいて山を作り、崩して泥んこになって遊ぶ。

　後半期

　追いかけると走って逃げ、「ヨーイドン」で走る。両足で飛び、テレビ画面をまねて踊る。ペンやクレヨンで、無秩序な線書きから一定方向に往復書き、グルグル書きへと描き方が変化する。

　語彙が増え、二語文になる。やり取りやストーリーを理解し、イメージを広げて遊ぶ。絵本や紙芝居、ごっこ遊びを通して物の名前や言葉の意味が分かり、数や量、標識などを理解し、意欲とやる気が培われる。

4．保育者の関わり

　情緒が安定し落ち着いた生活が送れるように、常に子どもの心身の健康状態を把握し、環境に留意する。子ども自らのやる気や動きを尊重し、機会を逃さない関わり方が大切である。

　気持ちをうまく表せず、思いどおりにならず、大人が困惑する言動や行動をとることもある。保育者が共感的に捉え、成長の過渡期と理解して対応することで、情緒が安定し意欲的に人や物と関わりを深めていく。

脱いだ靴は自分の場所へ　　よくかんで食べる　　共食・共感
（こどもの森保育園）

活動範囲が広がるため、安全な環境で存分に探索できるように配慮する。

5．ねらいと内容

　自我が芽生え、知的好奇心や人との関係性が深まる時期である。生活や遊びを通して、粗大全身運動や手指の巧緻性、言葉や音楽リズム、人との関わりなどが増していく。子どもの興味や関心に保育者が共感し、常に個別に応答的に関わることが望まれる。

　食事や睡眠に個人差が出てくる時期でもあり、健康状態の把握や活動後のケアには十分注意を要する。遊びにおいても個別性に配慮し、保育者が共に楽しむ姿勢が求められる。

第3節　1歳児保育の実際

1．指導計画の事例

　発達の個人差が顕著で、月齢が違う場合はもちろん、同月齢でも差が大きいため、指導計画は個人別に立案し作成する。子ども一人ひとりの育ちを把握し、個に応じた保育が必要で、個別指導計画が主流となる。集団生活の中で一人ひとりの子どもに、健康で安全な生活や情緒が安定した生活を保障することが基本であるため、クラス運営に関する計画よりデイリープログラムの内容が問われる。なぜなら、基本的生活習慣の

図表1　一日の生活と学びの時間の流れ（デイリープログラム）

幼稚園	保育園	
3・4・5歳児	3・4・5歳児	0・1・2歳児
7:30～8:30 **ほほえみタイム** 預かり保育(保育園と合同保育)	7:30～8:30 **ほほえみタイム**(時間外保育として合同保育)	
8:40～ 4つのコースに分かれて バス・徒歩登園	8:30～9:10　保護者と一緒に登園　順次あそびへ	
クロークコーナーにて荷物の整理・身支度 **ワクワクタイム**（コーナーでの学びの時間） 絵・造形・ごっこ・表現・外あそび・クッキング・自然 10:40～**おひさまタイム** ランチ順に保育者と一緒に 絵本・紙芝居・散歩・ダンス・お話など 年齢別・グループ別・コース別などの集い 園児のみの行事	10:00　午前のおやつタイム 10:30～**おひさまタイム** 絵本・散歩 11:00～**ランチタイム** 保育者と一緒にゆっくりと保育室にて食事をします。	
11:30頃～　3グループに分かれて順次**ランチタイム** カウンターにて ①自分で食べられる量のおかずを盛ります。 ②ご飯は栄養士さん、調理師さんに自分で量を伝えて盛ってもらいます。　③汁物は保育者が一人ひとりに配ります。 できたての温かいランチをいただきます。		
12:15頃～**ポカポカタイム** ひと休みした後は保育者と一緒に過ごすコースの時間 13:30～一番バスコース出発 14:00～14:20 歩きコース順次降園	12:30頃～**おやすみタイム** 休息 パジャマに着替えて静かなお話しを聞きながら、ゆっくり休みます 目覚め・片付け 年長児は幼稚園児と一緒の時間や独自の活動の時間を持ちます	12:00～**すやすやタイム** すてきなお話を聞きながらスヤスヤスヤ・・・ 目覚めたあとはゆったり過ごしています
	15:00　**おやつタイム** 手作りおやつをいただきます	15:00　**おやつタイム** 手作りおやつをいただきます
13:00～19:00 預かり保育児はランチ後、保育園3歳以上児のおやすみタイムへ合流し、休息その後お迎えまで一緒に過ごします	16:00～降園開始 帰りの集まり	園内散歩 室内で遊ぶ
16:30～18:00　**ゆうやけタイム** 園庭・こすもす組(2歳児)・おれんじコース(3歳以上)の部屋にてゆうやけタイム担当保育者と一緒に計画のもとに過ごし、お迎えを待ちます	16:30～18:00 **ゆうやけタイム** ちゅうりっぷ組(0・1歳児)の部屋　中心に ゆうやけタイム担当保育者と一緒に過ごし、お迎えを待ちます	
18:00～18:50　**ゆうやけタイム(合同保育)**　こすもす組(2歳児)の部屋にて保育者と一緒に静かなゆったりとした時を過ごし、お迎えを待ちます		
19:00　**全員帰宅・さようなら、また明日！**		

資料提供：幼保連携型認定こども園「こどものもり」

自立に向けた自発的な活動が、子どもの心身の成長を促すからである。

　保育所（園）の生活は、0歳から就学前までの子どもたちがクラス保育、異年齢保育など保育の方法は異なっても、共に育ち合うことが大前提である。したがって園全体のデイリープログラムを、全ての保育者が理解しておく必要がある（図表1）。

2．家庭との連携の事例

(1) 離乳食卒業証書

　離乳食完了時に、園から「離乳食卒業証書」を発行し、多忙な中で離乳食を作り進めてきた母親に対してその労をねぎらい、家庭とともに子どもの育ちを喜び合う活動である。また、離乳食作りが分からない親に向け、給食ケースに離乳食を展示するだけでなく、同食材で作った幼児食も展示し、取り分けて作ることを推奨した活動である。

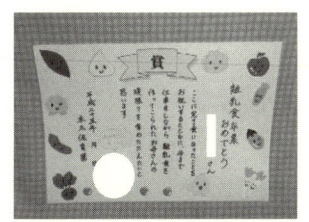

離乳食卒業証書

同食材の離乳食と幼児食の展示
（さいたま市公立保育所）

(2) 一日保育者体験

　園児の父母が参加する「一日保育者体験」活動は、保護者としてではなく、保育現場での仕事体験に参画することで、よりいっそうの相互理解が深められる。

　ほかにも「ひなたぼっこサロン」など祖父母との交流会などがある。いずれの活動も、子どもへの発達保障と親の育ちを支える視点を重視した活動内容である。

3．1歳児の保育環境と安全管理

(1) 保育の環境

　児童福祉施設の設備及び運営に関する基準（旧・児童福祉施設最低基準）

に、保育所の職員数や設備などが示されている。保育士の数は、1歳以上3歳未満児おおむね6名に1名以上であり、施設設備については、2歳未満児は乳児室またはほふく室、医務室、調理室、便所は必置である。しかし屋外遊技場（園庭等）の規定はなく、運動機能の発達が著しい1歳児にとっては不十分である。保育環境の整備や改善は、施設設置者の良識と努力に委ねられているというのが現状である。

(2) 安全の管理

走る、登り降りする、いじるなど運動機能が活発になり、発達特性上、思わぬ事故を起こしやすい。しかし、危険に対する認識はなく、事故が最も多い年齢である。転倒や衝突、階段やいす、窓やベランダ、遊具からの転落、ドアや乗り物での挟傷、誤飲、プールや水辺での溺水などが挙げられるが、特に家庭浴槽での溺水には注意を喚起したい。

【引用・参考文献】

厚生労働省『保育所保育指針解説書』フレーベル館、2008年

さいたま市「離乳食マニュアル」2012年

汐見稔幸・小西行郎・榊原洋一編著『乳児保育の基本』フレーベル館、2007年

二木武・帆足英一・川井尚・庄司順一編著『新版・小児の発達栄養行動——摂食から排泄まで／生理・心理・臨床』医歯薬出版、1995年

松本園子編著『乳児の生活と保育』ななみ書房、2011年

Benedict, H., "Early lexical development: comprehension and production," *Journal of Child Language*, 6, 1979, pp.183-200

第5章

2歳児の発達と保育

大倉眞壽美

第1節 2歳児の発達

　2歳児保育について考慮しなければならないことは、4月は、新入児を迎え、クラスの移動・担当保育士の交代等を含めて、新入児・在園児共に落ち着きがなくなることがあること、そしてクラスを構成する子どもたちの月齢の差に対する配慮である。3歳に近い子どもが多くなり、年度末には4歳近い子どもも在籍する。クラスの生活も遊びも雰囲気も、乳児から幼児へと大きな変化を見せる。子どもの成長・発達を一人ひとり捉え、支え援助していく計画を、クラス担任全体で話し合いを重ね、家庭との連携、他の職種との連携を深めていくことが大切になってくる。

1．身体的発達（手指の機能の発達を含めて）

(1) 運動発達と保育者の援助

　2歳になると、歩く、走る、跳ぶなどの基本的な運動機能（動作）ができるようになり、手を壁や手すりに添えながら交互に足を出して階段を昇る、両足飛びができるなど、体をコントロールするようになる。
　3歳を迎える頃には、基本的な運動機能がさらに伸び、バランスをとる動きの遊びができる。保育者は、この身体的発達を促していく遊びを考えなければならない。しかし、まだぎこちなさもあり個人差もあるので、一人ひとりに合った体全体を使う遊びを用意する。例えば、ボールの両手投げなど全身を使って投げたり、障害物を設けてジグザグに走ったり、散歩などで自然な坂道や階段などでバランスをとるなどがある。また、排泄機能が成熟し、身の回りの自立が進んでいく時期でもある。

(2) 手指の発達と保育者の援助

　2歳までには、つまむ・ねじる・ひねるといった複雑な手指の動きが

獲得され、さらに手全体のバランスをとる動きができるようになる。具体的には、積み木を5～6個積み上げることが可能となり、またクレヨンを握って描いたり、本のページを1ページずつめくったり、お菓子の包み紙をむくなどの動作もできるようになる。

このような発達により、身の回りの生活習慣の自立が可能となる。保育者は、遊びの環境を整えるとともに、生活の自立へ向けての配慮が必要となる。

2. 言語・知的発達

(1) 言語

2歳の中頃から、特に言葉の数が増えるようになる。簡単な文章化もできるようになり、大人との会話も可能となる。質問に対して、例えば、月曜日に「昨日は何をしたの？」と保育者が聞くと「お母さんと、公園で遊んだ」「新幹線に乗ったよ、おばあちゃんとこに行った」など、記憶の保存がある程度でき（不確かな過去）、それをたどって具体的に答えることができる。

それは、遊びの中でも見られ、大人の模倣の言葉が飛び出したり、家庭生活がかいま見えるような会話をしたりする姿が見られる。また、短い昔話など、繰り返しの多い話や、語呂合わせなどの言葉遊びや、伝承のわらべうたの繰り返しを好み、遊びの中で再現する。

(2) 認知的発達

身体機能の発達と言語の獲得は、思考と学習に大きな影響を与える探索行動を盛んにする。行動範囲を広げながら探索活動を活発に行うことで、認識し学習し知性を発達させる。この活動を支えるのが、子どもを取り巻く環境である。

身の回りにあるものへ働きかけ、感じ取り、認識し、さらに操作を繰り返しながら認知する能力を高めていく。目の前にあるものだけしか認

知しなかった段階から、2歳までには連続性や恒久性などを認知し、物を隠されても「ある」ことが分かる。2歳中頃からは、推理する・想像する段階へと発達する。言葉による模倣から、役割を果たすごっこ遊びへと大きく変化する。このような子どもの認知的発達は、安定した日常生活と、豊かな空間的・人的環境の中で繰り返される遊びの中でさらに発達する。

(3) 自我の形成と社会化

2歳児は、身体的機能の発達と言葉の獲得、認知能力の高まりから、「何でも自分でやりたい」という意欲を持ちながら、実際には「できることが多くない」という段階にある。この2つの感情の間で揺れているのが2歳児の特徴だと言える。また、何でも自分でやりたいことからくる自我の高まりと、自分と他者を区別する対比的認識ができ始め、自分ではない他者との葛藤や不安が出てくる。そして、自分の領域を主張し守ろうとする意識と相手の欲求との衝突から、しばしばけんかを引き起こす。

保育者の役割は、ただ衝突を収めようとするのではなく、その子自身の世界をつくる中で、他の子どもの存在に気づくことを支えることである。具体的には、心の葛藤を、保育者が子どもの感情や思いを言葉にして代弁することである。そこから、子どもは自分の感情を理解してくれる大人の存在を知り、それを支えとしながら成長していく。

第2節 2歳児の生活・遊びと保育者の援助

1．2歳児の基本的生活習慣と保育者の援助

2歳児は自立しようとする成長期であるが、ともすれば、うまくいかないことから消極的な態度をとったりすることがある。保育者は、その

葛藤や不安に寄り添うことが必要である。子どもは、保育者の支えと安定して繰り返される日常生活の中で、身の回りの自立を進めていくことができる。

(1) 食事と保育者の援助

2歳までには、ほとんど一人で食事をすることができるようになる。また、こぼすことも少なくなり、エプロンも必要がなくなる時期である。しかし、配慮がいらなくなるわけではない。集団での食事となるため、一人ひとりの食事の量や好き嫌い、食事にかかる時間の個人差、基本的なマナー（姿勢・食べ方・食器の扱い方等）に対する介助が必要となる。

保育者の援助は、好き嫌いや量、時間に目を奪われがちとなるが、食事の全体の流れ（準備から片づけまで）に十分気を配りながら、子どもの「一人でできる」という気持ちに細かく気づく姿勢を持つことにある。できたときへの共感、うまくいかないときへの寄り添いが、次の挑戦する気持ちを育てる。

(2) 衣服の着脱と保育者の援助

衣服の着脱は、自分でしようとする気持ちと実際にはうまくいかないことの典型例だと言える。やりたいのにうまくできないことから、消極的になって「やらない子」になってしまうことも珍しくない。家庭では、時間のかかるわが子についイライラして、母親が全てやってしまうこともよくある。また、実際に袖から肘を抜くとか、裾をきちんと入れるなど、大人の介助が必要な部分もある。難しいところは手伝ってもらいながら、「できる」ことを増やしていき、「できた」ことを喜び合う。この積み重ねを、一人ひとりの発達に合わせて援助することが必要である。

日々の保育の中で、前後の見分け方からボタンの留め方・はずし方などの着脱のコツを具体的に教えながら、手指の発達を促す玩具を意識して取り入れる。また保護者に、着脱のしやすい衣服の協力を得ることが

必要な場合もある。

　日常的に自分の服の管理ができるように、一人ひとりの籠を用意するなど、着脱や片づけがやりやすい環境をつくることも、自立に向け大切な援助である。園でも家庭でも「時間がかかるのは当たり前」という視点を持ち、保護者と連携をとりながら進める。

(3) 排泄と保育者の援助

　排泄の自立は、生理的におむつをしないで過ごせるという段階に到達したということである。このことは、子ども自身の「できた」という喜びが、遊びやふるまいに自信を強めることになる。

　現在は、不快をあまり感じないですむ紙おむつが普及したことにより、排泄の完了は３歳頃までかかる。２歳児保育の中で、排泄の自立は重要な部分を占める。２歳児は、自我が強くなるとともに情緒は激動する時期なので、保育者は深い愛情と子どもの膀胱機能の発育を観察しながら、一人ひとりの子どもの段階に応じた計画を立て、自立へ向けて援助することが大切になる。

　実践的には、①日課の中で個々の子どもの排泄の優先順位を決めて対応する、②一人ひとり異なる排泄間隔・サインを把握する、③これを基にして、おむつ交換に快く応じられる雰囲気や環境・人間関係をつくる、④親の養育態度に左右されることを十分理解しておく――などであるが、大人側の深い愛情と子どもに対する信頼感が根底になければならない。

　布パンツになると、トイレの使い方を援助する。その際、トイレの使い方の男女の違いを正しく伝えるようにする。①排尿は、男の子は立って、女の子は便器に座ってする。②女の子は紙を使って前から後ろに拭く。男の子は排便では便器に座る。紙を前から後ろに拭く。③終わったらパンツ・ズボンを上げて水を流す。スリッパをそろえ、手を洗う――この一連の動きを、毎日の繰り返しの中で習慣化していくようにする。

　保育者は、一人ひとりを見守る中でそれぞれの課題を見つけ介助をす

る。子どもの「できる」という気持ち、「やろう」とする気持ちを大切にしなければならない。具体的には、まず自分でするように促してから、できない場合に声を掛け、手伝ってよいか確認してから援助する。

(4) 睡眠と保育者の援助

2歳までに、昼寝は午後の1回寝となる。保育所は長時間保育であるので、1日の生活リズムの中で、2歳児の昼寝は大切な時間である。2～3歳児は12時間前後の睡眠が必要とされ、そのうちの昼寝は2時間ぐらいが目安である。食事の後、照明・室温・湿度等が十分に配慮された環境の中で、決められた場所で午睡する。

集団生活の中で、決められた時間に午睡ができない子も多い。初めての集団生活で環境が変わり寝つけない、母親の就労で生活リズムが変わり睡眠時間がずれるなど、家庭によって課題がある。それぞれの生活を尊重しながら、子どもの生活リズムを整えていくように、保護者と園が十分に話し合い進めていくことが必要である。

(5) 清潔と保育者の援助

清潔の習慣の獲得は、集団生活の中での感染症の予防と、子ども一人ひとりの心身の健康と安全を守ることであり、人が人らしく生きていくうえでの基礎となる部分である。食事の前後の手洗いや口拭き、汚れたら着替える、外で遊んだ後の手洗い・うがい、鼻水を拭くこと、排尿・排便時の拭き方や手洗い等、清潔にするという行為は、毎日の積み重ねの中で習慣化していく。

2歳になると、今まで保育者側が行ってきたことを、少しずつ子どものできるところから一つ一つ受け渡していく時期になる。保育者は、子ども一人ひとりの技術的レベルや理解力・集中力に合わせて、順次性を持った計画を具体化し実践する。また室内の清潔に保たれた環境も、大きな援助である。清潔が当たり前の空間、遊びが十分に保障される空間

は、子どもたちの清潔の習慣の助けとなる。

2．2歳児の遊びと保育者の援助

「遊びの中で子どもは育つ」「遊びを通して子どもは学ぶ」といわれる。そして遊びは、自発的でなければならない。しかし、遊んでいれば子どもは育つわけではない。「ほうっておけば伸びる」というわけではない。遊びの要素を大切にしながら、意識して指導をしなければ能力は伸びない。子どもがいきいきと自分から活動していくためには、「興味が持てる」ことが必要である。

(1) 運動機能の発達と遊び

身体機能と言葉の発達に伴って、粗大運動とルールのある遊びが融合され、体育的な活動ができるようになる。その目的は、①体のバランスをとること、②言葉と行為を一致させること、③運動のメリハリをつけること、④判断する力（言葉掛けに反応する）を助けること、⑤動く喜びを知ること、⑥ルールを理解すること、⑦集中力をつけることである。

その活動は、室内・戸外など、目的に合わせて設定される。体育的遊びは、体操ではなく「体を動かす遊び」なので、自由な服装で、自然物を利用し、道具は子どもに合ったものを用意する。保育者は、この時期の個人差・月齢差・個体差のあることを日常から把握して計画を立てる。

具体的に「歩く」を取り上げると、フープを置いて大人がモデルを示すこと（またぐ・両足跳び・横向き歩き等）で、それをまねる。「走る」では、ぶつからずに走ることや信号遊び（赤＝止まる、青＝走る、黄色＝その場跳び等）、「はう」では、転びやすい子の両手・両足の協応を助けることができる。このような活動を、一斉ではなく、興味のある子から始めて少しずつ広げながら、一人ひとりの発達課題を見守り支える。また、時間・内容なども、最初は短時間（5分程度）で単純なものから、20分程度で複雑なものまでを計画していく。

(2) 手指の発達（微細運動）と遊び

　象徴的な思考段階を迎える2歳児では、1歳児から引き続いてのフェルトリングや洗濯バサミを使う操作練習遊びから発達する構造遊び、2人で同じことをして遊ぶ仲間遊びから、イメージは個人であるが道具は共有し始める平行遊びへ発達する。

　自己と他者との区別、大人の模倣の発展は、世話遊び・役割遊びへ発達する。1歳児の中頃から始まる人形を使う世話遊びが、料理コーナー・世話コーナーの環境を設定することにより、1人から2人の平行遊びとなる。保育者の遊びの参加でさらに人数が増え、役割遊びへと発達する。保育者は計画的にコーナーの環境を変えていきながら、しだいに具体的な遊びへと発展させ、その種類も増やしていく。

　ただここで大切なことは、遊びの参加は子どもの自発性に任せることにある。保育者は意図しているが、実際には子どもが自由に選んで参加し、抜けていくことも自由であるということである。

　構造・構成遊びでは、積み木やブロック、木製の人形・車などを組み合わせて遊びが広がっていく。そのためには、十分な広さが確保され、遊びがじゃまされない配慮が必要である。

　机の上の遊び（机上遊び）では、月齢・発達に合わせた道具の順次性を考慮する。具体的には、カードゲームは易しいものから、ウッドビーズは大きいものから、パズルは単純なものから等である。この他、小麦粉粘土や描画など、自由に使うコーナーが必要となる。

(3) その他の遊び

　このほかにも、園庭での固定遊具を使っての遊びや砂場での遊び、道具を使っての遊びや散歩での遊びがある。戸外の遊びも、計画されたもので、自然の中で体育的な課題を展開したり自然を認識したり、身近な人や社会を意識したりする。また、保育者のお話や絵本、優しく歌いかけるわらべうた遊び等、十分に意識された環境と大人の働きかけを、毎

日の生活の中で繰り返すことが必要である。

　このような活動を通して2歳児は、一人遊びから4人程度の遊びへと発達し、楽しさを共有する能力、状況を判断し行動する協調性という認知能力、さらには身体の前後・上下・左右を区別する空間的な認知能力や、身体的活動の活発化による平衡機能を発達させ、自分の身の回りのことや経験を再現する力を得るようになるのである。

(4) 保育の環境と保育者

　遊びの環境を整え、保育者が人的環境として関わることで大切なのは、子どもの自発性を育てる視点である。遊びの主体はあくまでも子ども自身であることを、保育者は意識していなければならない。子どもが自ら選び遊べる環境づくりと、失敗やトラブルを回避し、気持ちを支える保育者の存在が必要である。

第3節　2歳児保育の指導計画の実際

　指導計画は、子どもを保育するに当たって欠かせないものであり、保育する者の義務と責任である。全体としての指導計画は第9章に譲るとして、ここでは2歳児における指導計画について触れる。

①長期的な指導計画

　まず、年案と呼ばれる年間指導計画がある。2歳児の場合、個別的な指導計画を立てる。それは、一人ひとりの発達に即したねらいと内容を持つ計画である（**図表1**）。

②短期的な指導計画

　年間指導計画を可能にするものとして、日々の保育に必要な具体的な計画が月案である。さらに必要であれば、週案・日案としても計画を立てる。

図表1　個人の年間計画の事例

			平成　　　年度　　　　　保育園			
氏名		性別	生年月日	園長印	主任印	担任印
		女	H23.4.30			

	月（月齢）	4月（36か月）	5月（37か月）	6月（38か月）	7月（39か月）
生活（食事・排泄他）	子どもの姿	自立して何でもしようとする →			→
	ねらい・内容	排泄の自立を進める 自立して食べる	嫌いなものも少し食べる →		→
	援助・環境	時間を1時間として声を掛け排泄を見守る	排泄に合わせて紙を使うことを習慣づけるように見守る →	→	
	活動経過				
活動・遊び	子どもの姿				
	ねらい・内容				
	援助・環境				
	活動経過				
	評価・反省 （自己評価）				

(筆者作成)

③記録と評価

　計画を立てたうえで毎日の保育の実践の中で必要なのは、その日を記録する日誌である。その日の天気・温度、出席人数、家庭から伝えられたこと、保育内容などを記録する。子どもについては担当保育者が記録

図表2 2歳児の保育日誌の事例

2歳児《　　　　クラス》 保育日誌　　　　年度　　　保育園

月　　日　　曜日　　天候		記録者	
出席　　名	健康	その他	
欠席　　名			

計画とそのねらい	【遊び】 ●体育的遊び（戸外・散歩） ●室内の遊び	【わらべ歌】 ●季節の歌 ●その他	【絵本・お話】 【言葉遊びほか】

記録	

氏　名	個人観察

(筆者作成)

する。その日の記録・保育内容については交代で担当する（**図表2**）。

　これらの記録は交換し合うことが必要である。園長・主任に提出し、情報の共有を図る。このことが、子どもや家庭のより深い理解を助けていくものとなる。

第4節　家庭と園の連携

　2013年版の『保育白書』によると、3歳児では90％、1・2歳児では36％が施設で保育されている。

　就学前児童の保育所入所状況を見ると、0歳児は11％と低いが、保育休業制度の導入を考えてみれば当然かもしれない。また、核家族化の進行も進んでおり、2008年の国民生活基盤調査によると、子どものいる世帯のうち76％が核家族である。乳児の保育ニーズは年々増加傾向にあり、乳児が待機児童の大半を占める現状を見ると、施設保育の中で乳児保育の割合が今後さらに高くなると思われる。

　2歳児は、初めての集団生活と、保護者も初めての就労と生活の両立という中で、保育の現場では、些細なことから感情が爆発したり、問題がもつれたりすることがある。2歳児の特徴である「自分でできる、自分でやる」という気持ちと、実際は「できない」ことでの感情の揺れや、自我の発達からおもちゃを「自分のもの」であるとする主張や、友達が気になりながらも、いっしょにすることが受け入れられないことなどから、さまざまな問題が起こる。

　まず前提として必要なこととして、おもちゃや道具類は必要なだけ十分に用意されること、保育者が常に子どもの遊びを見守っていること、トラブルになりそうな状況に保育者が素早く対応することが挙げられる。保育者は、おもちゃを分けることや、衝突しそうな2人の距離を離すこと、欲しいものを言葉で「貸して」と言うように促すことなどで、トラ

ブルの回避とともに、約束事の認識や自発性を守ることができる。しかし、それでも突発的な「事件」は起きる。そんなとき保育所では、たたくことやかみつくことは「してはいけない」ということを、約束事として明確に言葉で伝えることが必要となる。このような約束事は、入所時の面談で保護者にも伝え、理解を得ておくことが大切である。

　起こってしまった出来事は、その日のうちに、正確に家庭に伝える。説明するときには、出来事の状況をよく把握したうえで、言葉に気をつけ理解してもらえるように伝える。園全体が状況を知っていること、保護者と日頃から良い関係を築くことで、事態を解決させることができる。

　トラブルだけではなく、保護者からの相談は、日頃から対応するようにしておくことが重要である。日常の連絡から、子育ての悩み、発達相談、家庭の問題まで、子どもを育てている保護者の悩みを受け止める窓口として、大きな役割がある。

　2歳児の保育は、人間の基礎をつくる0歳児からスタートした乳児保育のまとめであり、幼児の世界へと旅立つ最終の段階である。「自分でできる」「できることを喜ぶ」ことの積み重ねを保護者と共有し、子育ての見通しを持てるような支援ができることが重要である。

【引用・参考文献】

　全国保育団体連絡会保育研究所編『保育白書〔2013年版〕』ちいさいなかま社、2013年

　長瀬良子『乳児期の発達と生活・あそび』ちいさいなかま社、2014年

　ヘルミナ、セチェイ(羽仁協子・サライ美奈訳)『0〜3歳児の保育・最初の3年間——保母と母親とのよりよいコミュニケーションのために』明治図書出版、1999年

　吉本和子編著『乳児保育——一人ひとりが大切に育てられるために』エイデル研究所、2002年

第6章

乳児期の遊びと環境

田村美由紀

第1節 乳児期の遊びの意味

　遊びは、子どもにとって楽しく興味を持ちながら継続して行われるものであり、発達にとって不可欠なものである。また、遊びは自由で、子どもが自発的に取り組むものであり、他人から指示されてするものではない。遊びは、喜びに満ちた楽しさ・おもしろさを追求する能動的な意欲をもたらすものであり、活動自体が目的であり、遊びの過程を楽しみ、繰り返し継続されるものである。

　乳児の遊びの特徴としては、①生活と遊びが一体化していて、区別がない。例えば、手を洗うとき、ピチャピチャと水遊びに夢中になる、②遊びは発達を促すものであり、身体的・知的・情緒的・社会的発達を促す総合的な活動である、③遊びの内容が、成長と発達に伴って次々と変化していく、ということが挙げられる。乳児期の遊びは、環境構成や保育者の関わり方によって左右される。保育者が、子どもの興味や関心を誘えるような魅力的なおもちゃ素材を準備し、子どもたちが遊びに取り組む姿を見守ることが大切である。

　自分でどんどん興味のあるものを見つけて遊びだす子もいれば、保育者に働きかけられて、寄り添うように遊ぶ子もいる。一人で遊びに集中する子もいれば、他児に寄って行き、同じことをしようとする子もいる。保育者は、子どもの遊びをいっしょに楽しみながら、より充実したものとなるよう臨機応変に対応していく柔軟さと技能が求められる。

　また、自主的な遊びのほかに、発達段階に応じて取り入れたい遊びや活動がある。①散歩、園外保育など、自然との関わりを取り入れた活動、②固定遊具で遊ぶ、リズム遊び、体操など運動を取り入れた活動、③絵本、紙芝居、お話などに関わる活動、④見立て遊びやごっこ遊びなどの活動などである。

第2節 発達に沿った遊び

1．6カ月未満児の遊び

　目が覚めているときは、ベッドに寝かせたままにせず、抱いて優しく語りかけたり、歌ったり、おもちゃを見せたりして、人や周囲に対して興味や関心が育つように働きかける。子どもの泣き声、笑い声、喃語に応じながら、子どもとの信頼関係を築いていく。首がすわってきたら、立てて抱いたり、腹ばいにしたり、支えて座らせてみるなど、さまざまな姿勢をとって視野を広げ、関心を育てていく。

　おもちゃは、見る、聞く、触れるものを用意する。ガラガラなど握りやすく音が出る物、感触のよいボールや縫いぐるみ等が良い。また、あやしてもらうことを喜び、布やエプロンを使って「いないいないばあ」をすると、ほほえんだり、思わず声を出して笑ったりと表情が豊かになる。保育者の歌声に合わせて優しく揺すったり、くすぐったりすることもしながら、遊びを通して子どもは保育者に親しみを感じるようになる。

2．6カ月〜1歳3カ月未満児の遊び

　身の回りの物に手を伸ばし、触れたり確かめたり試したりして自由に遊ぶ。また、他児と同じ行動をまねて楽しむ姿が見られる。子どもどうしで物の取り合いが始まるため、おもちゃは人数分用意する必要がある。子どもの探索したい気持ちを満たすために、自由に動ける遊びの場も構成する。引き出しや箱から物を出し入れすることを喜んだり、保育者と物のやり取り遊びを楽しむようになる。お座りの状態で両手が使えるようになるので、積み木を打ち鳴らしたり、太鼓をたたいたりもできる。ティッシュの箱から布を引き出す遊びや、マジックテープの果物を付け

たりはがしたりする遊び、穴を開けた箱に物を入れる遊び等、手指の操作を必要とする遊びも楽しむようになる。また、クレヨンやサインペンでぐちゃぐちゃ描きをし、紙に出てくる模様を楽しめるようになる。

　言葉が出始める時期なので、絵本、指人形、ペープサート、電話ごっこなどで保育者とやり取りしながら言葉を発したり、言葉の意味を知るようになる。保育者は、子どもの気持ちに共感しながら、分かりやすく、きれいな言葉で話しかけるようにする。集まってきた子どもどうしを結びつけるような語りかけの工夫もあるとよい。音楽に乗って体を動かしたり、わらべ歌や手遊びを通して友達といっしょに遊ぶ喜びを感じられる機会につなげていきたい。

　また、園庭や近隣の公園や路地裏散歩等で外の空気に触れたり、はだしで土や草の上を歩いたりして、自然を楽しむ機会を持つようにする。保育者に追いかけられる「まてまて遊び」を喜ぶようになる。歩行を援助する遊びとして、ひもの付いた動物のおもちゃを引っ張って歩いたり、手押し車や箱車の押し歩きを楽しみながら、歩く距離を伸ばしたい。

3．1歳3カ月〜2歳未満児の遊び

　全身運動が活発になり、階段や台をよじ登ってピョンと跳んだり、低い太鼓橋やジャングルジムにも登ろうとしたり、平均台の前歩きをしたり、鉄棒にぶら下がったりする。保育者が付き添いながら、子どもができない場面では「いっしょにやろうか」と了解を得て支えたりしながら喜びを分かち合ったり、他児を誘っていっしょに遊ぶ体験の機会をつくるなどの配慮をする。

　保育者といっしょにリズム遊びを楽しみ、音楽に合わせて体を動かしたり、歌に出てくる動物や乗り物になりきって遊ぶ姿が見られる。見立て遊びも盛んになり、積み木を乗り物に見立てたり、布のマントを付けたヒーローやエプロンを付けたお母さんに見立てて遊ぶようになる。初歩的なごっこ遊びを通して、他児といっしょにいることを喜ぶようにも

なるが、物の取り合いやトラブルも多くなるため、保育者は見守りながら必要に応じて仲立ちをする。

園庭での砂場遊びが大好きで、シャベルでバケツに砂を入れたり、カップでプリンを作ったり、小山を作ったりして楽しむ姿が見られるようになる。このように、道具の目的や意味がはっきりと分かり、それに合った使い方をするようになる。また、周囲の人がすることを見てまねをするがうまくいかず、失敗を繰り返しながら道具を扱う姿が見られる。新聞紙や牛乳パックといった身近な物をリサイクルしておもちゃを手作りし、十分に遊ぶ機会を持ちたい。

簡単な絵本の話を理解できるようになり、語彙が増え、二語文になってくる。保育者は、言葉のやり取りや、絵本、ごっこ遊びの中で、物の名前や言葉の意味を覚えていくような援助の工夫が必要である。歌、リズム遊び、手遊びは物がなくても楽しめ、皆でいっしょに遊ぶことでより楽しい気持ちになれるものである。保育者が子どもの様子やクラスの状況を見ながら、その場、その時にふさわしいものを選んだり、子どもからのリクエストに応じたりしながら曲を決める。曲は、テンポを変えたり、子どもの名前を入れてみたりとさまざまな工夫ができる。子どもは体を揺すったり、首を振ったり、自分が歌えるところで声を合わせたりして、十分に楽しむことができる。

4．2歳児の遊び

歩行が完成し、走り方も安定してくる。基本運動の動作（歩く、走る、跳ぶ、よじ登る、ぶら下がる、転がる、引く、押す）がほぼできるようになり、情緒的にも自分で何でもしようという意欲が強くなってくる。手足のバランスがとれるようになってくると、ハンドルをコントロールしながら三輪車をこいだり、バランスを取りながら平均台を渡ったりすることができるようになる。

園庭ではいろいろな固定遊具で遊んでみたくなり、滑り台、ブランコ、

図表1　発達に沿った遊び

(筆者作成)

1. 「いないいないばあ」(6カ月未満児)：「いないいない」は声だけで顔が見えない。次の瞬間「ばあ」で大好きな大人の顔が出てきて、にっこり笑う。
2. 「ペープサート」(6カ月～1歳3カ月未満児)：歌や話に合わせて、大人がペープサートや指人形を動かし演じるのをじっと見て楽しむ。
3. 「大人とのやり取り遊び」(1歳3カ月～2歳未満児)：大人を相手に「どうぞ」「ありがとう」などのやり取りを楽しむ。
4. 「ごっこ遊び」(2歳児)：保育者や友達相手に、お母さんそっくりのしぐさをする。優しいお母さんになりきって遊ぶ。

鉄棒、ジャングルジムなど、遊具の使い方を体で覚えていく。砂場では、おだんご作り、水を流しての泥んこ遊び、色水遊びなどの姿が見られるようになる。鬼ごっこや隠れんぼも、保育者が中に入ることで集団遊びができるようになってくる。木の葉や木の実といった自然物で遊んだり、ウサギ、カメ、カエルなどの小動物に触れて親しむ体験も必要である。

　性差が見られる場合もあり、遊びにも好みが出始める。この年齢ではまだ平行遊びが多いが、友達といっしょに遊ぶ楽しさを感じられるような工夫があるとよい。また、自己主張が強まり、衝突も起こるが、順番を待つ、交代で行うといったルールを守ることを身につけていきたい。

お店屋さんごっこ、乗り物ごっこといった「ごっこ遊び」が盛んに行われる。保育者は、いっしょに遊んだり仲立ちをしながら、子どもどうしを結びつけていく配慮が必要である。

粘土遊びやお絵かきも楽しみながら、指先の操作を要する遊びを繰り返し、ボタン掛けやひも通しなど生活に結びついた動作を獲得していく。ハサミやのりなどの道具を使って「物」を作り出そうとする様子も見られる。また、絵本を繰り返し読んでもらうことで、次が予測できるようになり、自分から絵本をめくるなど積極的に関わって楽しむようになる。おしゃべりを楽しんだり、歌を歌ったり、リズムに合わせて体を動かしたり、保育者のまねをしてみたり、遊びの種類が飛躍的に広がる。

第3節 発達を促す環境

1. 乳児保育の物的環境

(1) 衛生的で安全な環境

乳児保育の場は特に、衛生的で安全面にも十分配慮されたものでなくてはならない。明るく清潔で、子どもが安心してゆったりとした気分で過ごせる保育室や設備があり、温度、湿度、換気や採光にも十分配慮された環境に整える。心地よい風や光、暖かな日差しや空気が、成長には不可欠である。また、ハイハイやお座り、伝い歩きをしている子どもの目線に立って、保育室を隅々まで見渡し、動線や視界などを考慮して備品や用具の配置、安全点検を行う必要がある。十分に動き回れる空間を用意し、子どもの自発的な活動、探索行動や意欲を引き出す環境を整えていきたい。また、危険防止や安全対策に努め、避難方法や避難経路についても常に確認しておく。保育室は、できれば園舎の2階ではなく、園庭とつながる1階が望ましい。

(2) 家庭的でくつろげる空間

　保育所で長時間過ごす子どもにとって、保育室は、家庭的でくつろげる空間でなければならない。食事や睡眠の場を区切ったり、遊びのコーナーやスペースを整えたり、一人でほっとできる空間なども工夫したい。植物や布等で温かみのある雰囲気を作り、手作りおもちゃや壁面の装飾なども、色彩や質感に配慮したものにする。保育者の感性やセンスが試されるところであり、子どもと保護者にとって居心地の良い保育室にしたい。

　さらに、さまざまな物の素材や質感は、触覚が敏感な子どもにとって重要である。じゅうたんや畳、床などの感触、毛布や布団、タオル、衣服などの質感、おもちゃの素材や安全性にも気を配り、子どもが心地よいものに囲まれて生活できるようにしたい。物をじっと見つめ、手を伸ばし、触ったり、なめたり、試したり、繰り返したりしながら、環境と関わる子どもの様子をよく観察し、安全に努めることが大切である。

(3) 自然との触れ合い

　子どもにとって大切な物的環境として、自然物がある。土、砂、水、動植物などの自然物と関わり、自然に触れて遊ぶことは、子どもに多くの満足感と感動をもたらすことになる。特に、乳児期から自然と触れ合い、直接に体験する機会を重ねることが大切である。園庭での遊びや散歩などを通し、自然物に触れ、じっと見つめ、驚き、喜び、怖がり、確かめるといった経験が、子どもの感受性の芽生えとなる。

　保育者自身が自然と触れ合うことに喜びを感じ、自然物や自然環境を生かした保育を考え、関わりを深められるようにしたい。また、ときとして自然は危険と隣り合わせであることを認識し、子どもの健康と安全を守るための対策を講じることも求められる。保育所の職員全員で情報を共有・交換し、迅速かつ適切に対応できるようにする。また、保健所や医療機関、専門機関との連携を図り、常に安全な保育環境にしておく。

(4) 遊びと生活の自立

　自分を表現し始めた子どもにとって、自分でやってみたいという気持ちが満たされるような、そして「使ってみたいな」と好奇心を抱くような環境にし、自立という視点を意識して構成することも重要である。

　保育者に食べさせてもらうスプーンと自分で持つスプーン、口を拭いてもらうタオルと自分で持つ小さなタオルを用意する。床から低い位置に設置された鏡があれば、子ども自身が身づくろいの確認をし始める。

図表2　発達を促す環境

（筆者作成）

1. **楽しいトイレの環境づくりと工夫**：子どもに親しみのあるものが目に飛び込むように、大きな絵を飾り、楽しく落ち着ける雰囲気づくりをする。
2. **ぬくもりのある環境づくり**：膝の上で絵本を読んでもらいながら保育者の愛情をたっぷりと感じたり、友達の存在を感じながら人と関わることの楽しさを学ぶ。
3. **自然との触れ合い**：お日様と新鮮な空気を浴びて、気持ちが晴れやかになる。興味の赴くままに探索したり、走り回ったりと主体的に活動できるようにする。
4. **楽しく片づける環境**：マークを付けて、同じマークの所に片づけたり、次回遊ぶときにすぐに取り出せるように棚などに並べておく。

自分で着替えたくなる頃には、下着や靴下、肌着などを入れた箱を常備しておき、着替えの際に自分で選ぶようにすることも、自立を促す環境となる。

(5) 興味や関心を広げる遊びの環境

おもちゃは、子どもがいつでも好きな物を選んで取り出せるように、棚などに並べておく。好きな物をいつでも取り出せることで遊びが意欲的になり、遊び終わった後の満足度も高くなる。また、コーナーや壁面、収納棚等を利用して、どの子どもにも「見立て」と「つもり」のイメージが浮かぶような、遊びを誘う環境を整えてみたい。食器棚に見立てた段ボールの箱に、おもちゃのカップやお皿が整理され並べられていれば、そのコーナーは「おうちごっこ」の遊びのイメージに結びついていく。

遊び終わった後は、時間に余裕を持って、保育者が子どもを援助しながら片づけを進めていく。この繰り返しによって、子どもは使った物を元に戻すという習慣を無理なく身につけることができる。片づけの習慣は、次回またおもちゃで遊ぶときにすぐ取り出せるということであり、次に使う友達のためにも片づけが大切なことだと気づくきっかけになる。

2．乳児保育の人的環境

(1) モデルとしての保育者

子どもは、身近な大人を「モデル」として捉えていく。保育者は、自らの言動や行動を見直し、子どもへ及ぼす影響について考えなければならない。言葉遣い、声のトーン、抑揚などが言葉を獲得していくときのモデルとなっている。物を扱うときの手つきや様子、表情やしぐさをよく見て、まねしようとしていることを保育者は意識しなければならない。

保育者の態度、服装、清潔な様子なども影響を及ぼす。毎日いっしょにいる保育者がきちんと清潔で温かな雰囲気を持っていることが大切である。保育室をきれいに整頓し、清潔で安全な環境を整える保育者の姿

は、子どもへと受け継がれていく。

　保育室の扉を音がしないようにそっと開閉していれば、子どもは静かに開け閉めするものだと思う。おやつのお皿を丁寧にテーブルに置けば、大切に扱う物だと感じる。さまざまな行動が、子どもにとっての「お手本」となっている。

　また保育者は、生活のモデルであると同時に遊びのモデルでもある。おもちゃの扱い方や片づけ方だけではなく、つもりや見立て、初歩的なごっこ遊びの展開といった場面での保育者の存在は欠かせない。保育者自身が、子どもの目線で遊びのおもしろさを発見したり感じ取ったりし、それを子どもと共有することで、子どもが自分でもやってみたいという気持ちを高めていく。

(2) 人との関わりを学ぶ

　他児に興味を持つと、「○○ちゃんと遊びたい」「○○をして遊びたい」という気持ちが広がってくる。しかしながら、遊びたい内容が食い違ったり、遊びの内容が次々と変わり、保育者が仲立ちしなければ遊びが途切れてしまうこともある。何にでも見立てることのできるブロックや積み木等を使い、複数で遊んだほうがおもしろい場面を用意し、「貸して」「あとで」「順番こ」等のやり取りも伝えていくとよい。

第4節　安全への配慮

1．乳児の安全

(1) 6カ月未満児の安全

　ベッドの中にあるシーツやタオルなどが口や鼻を塞ぎ、窒息してしまうことがある。掛け布団は胸元まで掛け、顔にかからないようにする。

敷き布団は適当な弾力がある硬めのものがよい。うつぶせ寝は、窒息の危険やSIDS（乳幼児突然死症候群）の危険があるため避ける。ベッドの中に、破損しているおもちゃやひも、ビニール袋などがないかをチェックし、寝ているときはそのままの状態にせず、子どもの様子に注意を払い、SIDSチェックを入念に行う。睡眠時は定期的に、呼吸や脈、顔色など子どもの様子を観察する。抱っこやおんぶで保育者が歩く場合は、足元は滑らないようにし、室内の整理整頓に努め、事故防止を図る。

　散歩でベビーカーを使用する場合は、子どもの体がずり落ちないようにしっかりとベルトを締め、足を出してタイヤに絡ませないよう注意する。また、ストッパーに手が届くことがあるため、ケガにならないよう注意する。歩道の段差などにも気をつけながら、信号待ちの際には、乳児を乗せたベビーカーが前に出ていることに留意して安全を確保しなければならない。日差しが強いときには日よけをしたり、帽子をかぶせ、直射日光を長時間浴びないようにする。夏や冬などは外気温を十分に考慮したうえで散歩を行うようにする。

(2) 6カ月〜1歳3カ月未満児の安全

　おむつ交換台やベッドの上に寝かせたまま、その場を離れることは決してしないようにし、ベッドの上に寝かせたときは必ず柵をする。お座りができるようになったばかりの頃は、喜んだり興奮した拍子にひっくり返ってしまうことがあるため、子どもの周りにクッション等を置いて守るようにする。他の子どもの目に指を入れたり顔をひっかいたりと、友達への興味が出て手を伸ばすようになるため、保育者は興味を大切にしながら見守るようにする。おんぶひもを使うときは落下の危険があるため、ストッパーが固定されているか、おんぶひもに対して子どもがずれていないか、別の保育者に確認してもらうようにする。

　ハイハイやタッチが始まると、いろいろなものが見えて興味が広がっていく。そのため、床に落ちている小さなものを口の中に入れたり、な

めたり、コンセントの穴に指を入れたりする。保育者は子どもの目の高さで部屋の中を見渡し、手の届くところに危険なものがないか常時確認しなければならない。ベビーカーやラック等に乗せるときは必ずベルトを締め、動き出して落ちてしまうことがないよう安全の確認を徹底する。ハイチェアに座らせる場合は、保育者はその場を離れず、目を離さないようにする。やむを得ず離れる場合は、他の保育者に声を掛けて担当を代わってもらうようにする。

　伝い歩きやつかまり立ちをする子どものために、倒れやすいものを置かないようにする。また、自分でドアや窓を開け閉めし、指を挟むことがあるので、事故防止策をとる。歩き始めたばかりの時期は、まだ全身の運動バランスがうまくとれていないために転倒することがある。その際、床や家具の角に頭や顎をぶつけるので、保育者がいつもそばに付き、見守らなければならない。

　散歩カーに乗って散歩をする際には、帽子をかぶせ、手足を挟んだり揺れて足元が不安定になったり、身を乗り出して転落するなどの危険があるため注意する。5〜6人で散歩カーに乗っているため、ケンカなどが起こる場合があるので注意する。つかまり立ちがまだ不安定な子どもは、散歩カーを押す保育者の身近につかまらせて見守る。散歩カーの前を歩く子どもは視界に入りにくいため、十分な間隔を開けて注意して見守る。車やバイクが通る場合はいったん停車し、子どもの手足が飛び出さないように見守る。停止の際にはストッパーをかけ、出かける前、目的地に着いたとき、園に戻るとき、園に戻ったときなどに人数確認を必ず行う。

(3) 1歳3カ月〜2歳未満児と2歳児の安全

　滑り台、巧技台、机、いす、チェストなど、どこにでも登りたがるため、子どもの動きをよく見て、すぐに補助できる位置に保育者が付くようにする。また、はさみや鉛筆などの先がとがったものを使おうとするので、

正しい使い方を教え、援助するとよい。遊びでは、友達と物の取り合いなどが原因でケンカが増えてくる。かみついたり、ひっかいたり、物を投げたりすることが多くなるため、そのつど注意し、適切な対応をしなければならない。食事やおやつでは、喉につかえそうな食べ物は小さくするなどの工夫をし、アレルギーの除去対応が必要な場合は、チェック表などを用いて複数の保育者・栄養士等との確認を徹底しなければならない。

　散歩の際に、保育者と子どもが手をつないで歩く場合には、保育者が車道側、子どもは歩道側を歩くようにする。子どもどうしで手をつなぐときは、ペアのうち少なくとも一人は手をつなぐことを嫌がらない子が望ましく、歩くペースが同じような相手がよい。この頃の子どもは動きが大胆になる時期であり、急に飛び出すことのないよう、子どもの性格を十分に把握し、目を離さないよう注意する。出かける際には、必ず帽子をかぶせ、ガラスの破片やたばこの吸い殻などが放置されていないか、散歩中の通路や公園などで遊ぶ場合には必ず点検する。

【引用・参考文献】

伊藤輝子・天野珠路編著『やさしい乳児保育〔第4版〕』青踏社、2011年

川原佐公・古橋紗人子編著『乳児保育──科学的観察力と優しい心〔第3版〕』（シードブック）建帛社、2011年

志村聡子編著『はじめて学ぶ乳児保育』同文書院、2009年

全国保育問題研究協議会編『かかわりを育てる乳児保育』新読書社、2009年

髙内正子編著『新・乳児保育への招待──胎児期から2歳まで』北大路書房、2009年

増田まゆみ編著『乳児保育〔新版〕』（新保育ライブラリ 保育の内容・方法を知る）北大路書房、2014年

第7章

乳児期の基本的生活習慣

高橋　弥生

第1節 睡眠の習慣の発達と援助

1. 乳児の睡眠

　生後間もない赤ちゃんは、一日のうちの12～13時間を睡眠に費やしている。というのも、24時間に合わせた生体リズムがまだできておらず、脳の発達も未熟なためである。この時期は、睡眠をとることで脳の発達を促している。しかし、成長とともに起きている時間が長くなり、その時間にはさまざまな活動をするようになる。徐々に昼夜の区別がつき始め、満1歳を過ぎる頃には2時間程度の午睡と夜間には10時間程度の睡眠をまとめてとれるようになってくるのである。

　1歳未満の時期の睡眠は、浅い眠りであるレム睡眠が大半を占めるが、徐々に、深い眠りであるノンレム睡眠と、浅い眠りのレム睡眠がセットとなり現れるようになる。ノンレム睡眠の最中には成長ホルモンが分泌されるため、十分な睡眠時間をとることが健全な発育を支えることになり、子どもの健康を守るためには重要である。

　1歳未満は夜中に何度も目覚め、昼夜の区別がつかない生活で保護者も睡眠不足になりがちである。しかし、まだ未成熟な脳や体が十分発育できるように、無理な生活をせず、子どもが欲する睡眠時間を十分に確保することが大切である。また保育施設においては、一人ひとりの子どものリズムに合わせ、十分な睡眠がとれるような環境を整えることが必要である。

2. 良い睡眠習慣をつける

　乳児期の睡眠は、まだしっかりとしたリズムがついていないが、保育者はこの時期から、昼夜の区別の意識を持って関わるとよいだろう。例

えば日中であれば、目覚めている時間には声を掛けたりおもちゃで遊んだりする活動を促すのがよい。また、夜間に授乳やおむつ替えで目覚めた場合には、それが済んだら室内を暗くして眠ることができるような環境を作っておくことである。子どもが眠っているそばで保護者が遅くまで明かりをつけて起きているのでは、子どもの睡眠に昼夜の区別はつきにくくなってしまう。乳児の保護者には、夜間の睡眠環境について助言をすることも必要かもしれない。

第2節 食事の習慣の発達と援助

1. 食事の習慣の発達

　0歳から1歳頃までは、食事の形態が大きく変化する時期である。母乳やミルクだけの食事から、5～6カ月になると離乳食が始まり、しだいに固形食に移行していく。また、歯も生えてくるので、ある程度固いものでも咀嚼ができるようになるため、食べることのできる食品数も増えてくる。

　食事の内容が変化するだけでなく、食事に対する子どもの行動も大きく変化してくる。最初は乳を与えられているだけであるが、離乳食が進むにつれて、食事に手を伸ばすような姿が見られるようになる。最初のうちは手で触っているだけで、口に運ぶわけではないため、汚れを嫌がる保護者は触れないように食事を遠ざけてしまうこともあるが、この行動は自分から食事をするための最初のステップと考えたい。

　その後満1歳になる頃には、ほとんどの子どもが自分から食事に手を伸ばし、手づかみで食事をするようになる。もちろんこぼすことも多く、まだ一人で食べることはできない。1歳6カ月頃になると、コップやスプーンといった道具を使うようになってくる。さらに2歳6カ月頃には、

図表1　食事習慣の自立の標準年齢

年齢	自立する習慣
1歳	・自分で食事をしようとする
1歳6カ月	・自分でコップを持って飲む ・スプーンを自分で持って食べる ・食事前後のあいさつをする
2歳	・こぼさないで飲む
2歳6カ月	・スプーンと茶碗を両手で持って食事をする
3歳	・こぼさないで食事をする
3歳6カ月	・箸を使用する ・一人で最後まで食事ができる
4歳	・にぎり箸の終了 ・箸と茶碗を両手で持って食事をする
6歳	・箸を正しく使う

出典：[谷田貝・高橋、2007]を基に作成

片手に茶碗、もう片方の手にスプーンを持って、両手を使っての食事ができるようになり、3歳頃にはあまりこぼさないで食べることができるようになるのである（図表1）。

2．意欲を育てる援助

　食事の習慣が確立し、一人で最後までこぼさずに食べられるようになるのは3歳6カ月頃になってからであるが、0～2歳児の期間には自分で食べようとする意欲を育てることと、食事のための簡単な道具が使用できるようになることが大切である。

　意欲を育てるためには、子どもが自分で食べようと手を伸ばしたときに、その行動を止めないことが大切である。もちろん、熱い食品などには手を出させないような注意は必要であるが、汚れることを嫌がって手を出させないと、自分から食べようとする意欲は育たない。この時期は汚れることを覚悟しておくべきであろう。

　食事のための道具としては、スプーンから使い始めることがほとんどである。最初は上握りの状態から始まり、徐々に下握りになり、最後には鉛筆を持つような形に変化してくる。保育者は、様子を見ながら手を添えて正しい持ち方に誘導していくようにしてほしい。また、道具の使

い方については、手を添えて教えると同時に、保育者自身が正しい使い方をしていることが大切である。

　食事の時間は楽しい時間であることも、食事に対する意欲を伸ばす大切な要素である。汚したり、こぼしたりするたびに叱られる、テレビなどがついている、食べさせてくれている大人の気持ちが子どもの方に向かっていない（他のことに気を取られている）、というような状況は問題である。食事の援助をする保育者は、食事の時間をゆったりと楽しくするよう心がけるべきであろう。

3．好き嫌いについて（味に慣れる）

　好き嫌いは、離乳食が終了する頃と、自我が強くなる2歳後半に発生しやすく、その時期を超えるとあまり増えない傾向がある。

　離乳食の時期に発生する好き嫌いは、咀嚼や嚥下がうまくできないために起きやすく、援助する際は離乳食の硬さや、咀嚼の様子などに気を配る必要がある。子どもと向かい合って、モグモグと口を動かす様子を見せたり、しっかりと飲み込んでから次の食事を口に入れてやったり、というように一人ひとりの様子に気を配らなければいけない。2歳後半頃には、食べられない食品を嫌がるような姿が見られる。この時期までに、いろいろな味や触感に慣れておくことが大切であろう。大人がいっしょに食卓を囲み、さまざまな食品をおいしそうに食べていれば、好き嫌いが多く発生することはほとんどない。離乳食が始まってからは、保育者は家庭とも連絡を密にしながら、家庭の食事に偏りがないか確認をし、ときには助言をしながら好き嫌いが起きないように働きかけていくことが求められるのである。

第3節 排泄の習慣の発達と援助

1. 排泄のリズムと援助

　排泄の習慣が自立するためには、排泄を自分でコントロールすることができるようになる必要がある。2歳頃までは脳の機能も十分発達しておらず、排泄を自らコントロールすることができないため、おむつが必要であるが、2歳を過ぎる頃から、排泄後に言葉や動作で知らせるようになる。そして3歳頃にはほとんどの子どもが排泄前に知らせるようになり、徐々にトイレで排泄ができるようになるのである。

　排泄を自分でコントロールできるようになるには、排泄に関連する器官が発達しなければならない。例えば、膀胱でおしっこをためる量が増えることで排尿間隔が長くなったり、食事が固形食になることで便が固まったり、といったことも影響する。もちろん、脳の機能が発達してくることも大いに影響している。0〜2歳児の期間は、排泄の習慣が自立するための準備期間と考え、子どもの排泄間隔をきちんと把握し、タイミングに合わせて「おしっこ出たね」といった声掛けをするなど、次の段階へ進む働きかけをすることが大切である。体のさまざまな器官の発達を待ちながらも、時期を見逃さないようにすることが、保育者には求められるのである。

2. トイレットトレーニングの注意点

　おむつが外れてトイレで排泄できるようになる年齢は、標準的には3歳〜3歳6カ月頃である。おむつからトイレでの排泄に移行する期間が、トイレットトレーニングの期間である。排便は1日に1回程度のため、多くの場合は排尿を予告する（「おしっこしたい」と知らせる）ことができ

るようになり、排尿の間隔が長くなってきたら始めることになる。家庭では3歳前後を目安にトイレットトレーニングを始める場合が多いようで、幼稚園に入園する3歳児がおむつを使用していることも珍しくはなくなっている。しかし、保育所のように保育者が一人ひとりの子どもの状態を把握し、常に働きかけている場合は、3歳児に進級する時期におむつをしている子どもはほとんどいないのである。つまり、子どもの身体機能は2歳児の段階で整っていると考えることができるのではないだろうか。

　トイレットトレーニングは、焦って早くから始めても早くおむつが外せるわけではない。しかし、子どもの身体機能が整っているのであれば、適切な働きかけをして外してやるべきである。家庭と連携をとりながら、適切な時期を逃さないようにしたいものである。

第4節　清潔の習慣の発達と援助

1．乳児期の清潔習慣

　0～1歳児までは、自ら清潔に関連する行動をとることは少ない。ほとんどは大人の援助により、清潔にすることができるのである。例えば、食事前に手を拭いたり、食後に歯磨きをしたりするのも、大人の援助がなければできないだろう。しかし、この時期には大切な感覚が育っていることを忘れてはいけない。つまり、清潔にすることは気持ちが良いことである、という感覚である。その感覚が育っていれば、清潔の習慣が本当の習慣として生涯身についていくはずである。

　では、どのようにその感覚を育てるのかといえば、清潔にするたびに大人が「気持ちいいね」と言葉や表情で伝えていくことであろう。保育施設では、おむつの替え時に多くの保育者が「きれいになって気持ちが

いいね」といった言葉を掛けている。その繰り返しが、清潔にすることを喜ぶ気持ちを育てるのである。

　2歳児になると、少しずつ自分でできることが増えてくる。手を洗ったり、うがいをしたり、という動作ができるようになるのである。もちろん上手にはできないが、やろうとする気持ちを尊重して、褒めたり励ましたりしながら、習慣がきちんと身につくまで繰り返し行うようにすることが大切なのである。

2．乳児期に身につけたい習慣

　前述したとおり、乳児期に自らできる清潔行動は少ない。しかし、大人が援助しながらでもその動作を行う必要がある。

　食前や戸外遊びの後などの手洗いは、1歳を過ぎる頃から大人が手を添えて水道で手を洗う習慣をつけることが望ましいだろう。大人の手で洗ってやったとしても、自分の手がきれいになっていくのを見ていることになり、どのように手を洗えばよいかということが自然と身についていくはずである。ときには、大人が隣で見本を見せながらいっしょに洗うことも効果的である。石鹸を使わない場合、一人で手を洗えるようになるのは2歳6カ月頃である。手を洗いながら水遊びになってしまい、一人で手を洗わせるとかえって手間がかかる時期もあるが、自分で洗おうとする気持ちを大切にしながら習慣が身につくように援助していくことである。

　うがいも、2歳6カ月頃には一人でできるようになる。うがいには、口の中を洗浄するためのブクブクうがいと、喉を洗浄するためのガラガラうがいがあるが、最初は口に水を含んで吐き出すところから始まるだろう。手洗いもうがいも、さまざまな伝染性の病気の予防にもつながるので、体調管理という意味でも身につけたい習慣である。

　歯磨きに対しては、2003年に谷田貝公昭らが実施した基本的生活習慣の調査によると、親の意識がたいへん高くなってきていることが明らか

になっている［谷田貝・高橋，2007］。最近では、歯が生え始めるとすぐに歯磨きを始める親が多い。もちろん大人が磨くわけだが、食後や就寝前の歯磨き習慣は、乳児期の早い時期から始まっているのである。保育施設などでも昼食後に歯磨きを実施するが、乳児期には保育者が磨く場合も多い。保育施設で実施する場合には、歯ブラシの衛生管理に気を配るようにしなければならないだろう。

3．整理整頓、片づけの習慣

　自分で使ったものを片づけたり整理整頓をすることは、就学以降の生活に大きな影響を及ぼす習慣である。この習慣が身についていないと、忘れ物や紛失物が多くなり、学業や社会生活に支障を来す恐れがある。乳児期にはさほど重視されない習慣であるが、生涯の基盤になるという意識を持って身につけさせたいものである。そのためには、乳児の生活する環境を整理整頓し、気持ち良く過ごせる配慮が必要であろう。遊んだ後の片づけなどは、乳児でも片づけやすい環境を用意し、大人もいっしょに行いながら、年齢に応じて少しずつ身につけることが大切である。

第5節　着脱衣の習慣の発達と援助

1．着脱衣の習慣の発達

　乳児期の着脱衣の習慣の発達に関しては、図表2に示すとおりである。これを見ると、まず脱ぐという動作から始まることが分かる。1歳を過ぎる頃から衣服に関心を持ち始め、1歳6カ月頃には簡単な衣服を自分で脱ごうとする姿が見られるようになる。例えば靴下を引っ張って脱いだり、帽子を取ったりする姿が見られたり、ウエストがゴムのズボンを脱ごうとしたりするのである。この時期はまだ手指の巧緻性が十分に発

図表2　着脱衣習慣の自立の標準年齢

年齢	自立する習慣
1歳	
1歳6カ月	・一人で脱ごうとする
2歳	・一人で着ようとする
2歳6カ月	・靴を履く ・帽子をかぶる
3歳	・パンツをはく
3歳6カ月	・前ボタンをかける ・両袖を通す ・靴下をはく ・脱衣の自立 ・着衣の自立

出典：[谷田貝・高橋、2007] を基に作成

達していないため、上手に脱ぐことができず、かんしゃくを起こすこともある。そのような場合には、自分でやりたい気持ちを大切にしながら、少し手を差し伸べ援助をしていくことが望ましいだろう。まだできないから、と大人がやってしまっては、その後の意欲が育ちにくくなってしまうのである。

　2歳頃になると、自分で着ようとする姿が見られるようになる。ボタンやチャックなどのないシャツやズボンなどは、少しの援助で着ることができるようになる。初めのうちは前後を間違えたり、うまくできずに泣いたりする姿も多く見られるが、周囲の大人は少し手助けをしながらゆったりと見守っていることが望ましいだろう。「自分でできた」という気持ちを育てることが大切で、挑戦する時間を十分に確保してやる配慮が必要である。

　2歳6カ月頃には、靴を履いたり帽子をかぶったり、といったこともできるようになり、3歳頃には多くの子どもが、一人でパンツをはくことができるようになる。着脱衣の習慣は個人差が大きく、ボタンの留め外しを2歳頃にできるようになる子どもがいたり、3歳になっても自分からやろうとしない子どももいる。しかし、大人が見守る姿勢と、がんばっている子どもを応援する気持ちを持ち、子どもに十分な時間を与え

れば、たいていの子どもは楽しい遊びのように、衣服の着脱をし始めるものである。

2. 乳児期に育てたいこと

　着脱衣の習慣を身につけるためには、手指の巧緻性の発達が前提条件となる。手先の細かい動きができるようになるとともに、着脱の動作も無理なく行えるようになる。なかなかできるようにならない子どもの様子を観察していると、手先の動きがたどたどしい場合が多いようである。その際は、遊びの中に手指の巧緻性を高めるようなものを取り入れる工夫が必要であろう。例えば、小さいものをつまむような遊びや、本をめくる、積み木やブロックなどの手を使う遊びを行う、などの機会を増やすこともよい。

　着脱衣の習慣の始まりは、子どもにとっては遊びの一部である。せっかくはかせた靴下をすぐ脱いでしまったり、帽子を取ってしまったりする行動は、大人にとっては困った姿に映ることがある。しかし、このときに「自分でやりたい」という気持ちや、衣服に対する興味が育っていると捉え、叱らずに対応することが大切である。

第6節　基本的生活習慣の自立へ向けて

1. 家庭との連携（保護者支援、啓発、連携など）

　基本的生活習慣の多くは、家庭での生活で身につくものである。保育施設のみで身につけることのできる習慣は一つもないと言ってよいだろう。ゆえに、家庭との連携は必須である。子ども一人ひとりの家庭での生活状況を把握し、家庭と協力しながら、保育施設と家庭で一貫した方針で子どもに接することが望まれるのである。家庭の方針と保育施設で

の考えに差があると、間に挟まれた子どもは、どちらを優先したらよいか分からずに混乱するだろう。それでは、習慣は身につかないのである。少子化・核家族化と言われる現代では、子育てが初めてでどうしてよいか分からないという親も少なくない。そのような親には、保育の専門家として知識を伝えたり、援助方法を教えたりすることが必要である。できるだけ具体的に、一人ひとりの子どもの個性を踏まえながら保護者にアドバイスができるように、保育者自身も専門性を高めておくことが望まれる。

2．良いモデルになる

　乳児期には、目立ってできるようになる基本的生活習慣は少ない。そのため、乳児期の生活がその後にどのような影響を与えるのか意識しないままに過ごしている保護者もいるだろう。しかし、乳児期は幼児期以降にできるようになる習慣の芽を育てる時期である。子どもに関わる大人、つまり親や保育者自身が、まずはしっかりとした基本的生活習慣を身につけているかどうかを再確認してほしい。そして、乳児期に良いモデルとなって触れ合うことが、その後の子どもの発達に非常に良い影響を与えることを、常に念頭に置いておくことが大切である。

【引用・参考文献】

　阿部和子編著『乳児保育——子どもの豊かな育ちを求めて』萌文書林、1995年

　谷田貝公昭監修『生活の自立 Hand Book——排せつ・食事・睡眠・着脱・清潔』学習研究社、2009年

　谷田貝公昭・高橋弥生『データでみる幼児の基本的生活習慣——基本的生活習慣の発達基準に関する研究』一藝社、2007年

第8章 家庭における乳児の保育

廣部　朋美

第1節 乳児の一日

　乳児の一日は、保育所における生活と家庭における生活の連続で成り立っている。家庭は社会における最小の集団であり、人格形成や子どもの成長に大きな影響を与える。保育と家庭の円滑な連続性を保障することが大切であり、家庭における乳児の保育について学びながら、日々の保育につなげていってもらいたい。

1．0歳の日常

　新生児の視力は約 0.01 〜 0.02 といわれている。日の光がまぶしいと思われるくらい、乳児は明るさに敏感であることも影響し、一日の大半を寝て過ごす。**図表1**は、生後1カ月と3カ月の乳児の一日の過ごし方である。これを見て分かるとおり、生後まもなくは、起きたかと思うと授乳や排泄などを行い、またすぐに眠りに就いてしまう。寝て過ごすことの多いこの時期の乳児に「生理的微笑」と呼ばれる現象が見られる。

　写真1は生後10日の乳児の表情であるが、まるで笑っているかのようである。その笑顔を見ると、周りの大人たちは「赤ちゃんが笑った！」と言って笑顔になり、とても喜びに満ちた空間となる。しかしながら、この時期の乳児には喜怒哀楽などの基本的な感情が未発達といわれており、筋肉の動きによって笑っているように見えているだけなのである。

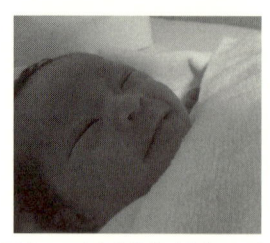

写真1　生理的微笑（生後10日） 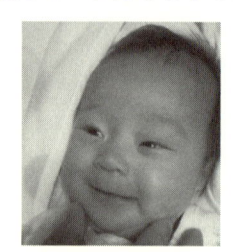　　写真2　社会的微笑（父親を見て　生後90日）

起きているわずかな時間に見られるこの笑顔が支えとなり、親は昼夜問わず必要となる授乳やおむつ交換などの大変さを乗り越えていくのである。頻繁な授乳やおむつ交換は、健康状態の目安にもなる。特に新生児の間は、体重の増加に気を配る必要がある。母乳育児の際には授乳前と授乳後の体重の増加から、どのくらい母乳を摂取することができたかを確認していくこととなる。オムツ交換の際にも、尿の回数や便の状態を見ることで、まだ話すことのできない新生児の体調の変化に気づくことができる。

生後3カ月頃からは、首もすわり、起きている時間も長くなってくる。この時期には、日頃顔を合わせる人を認識するようになり、相手を意識して笑うようになる。このことを「社会的微笑」という（**写真2**）。

図表1　生後1カ月児と3カ月児の一日

時間	生後1カ月（生後10日）児	生後3カ月（生後100日）児
0:00	母乳　おしっこ・うんち	母乳→睡眠
1:00	睡眠	
2:00	ミルク 30ml　おしっこ	母乳→睡眠
3:00	睡眠	
4:00	母乳　おしっこ・うんち	母乳→睡眠
5:00	睡眠	
6:00		
7:00	母乳　おしっこ・うんち	
8:00	睡眠	母乳　うんち・おしっこ
9:00	母乳→睡眠	
10:00	母乳　おしっこ	昼寝①
11:00	睡眠	母乳　おしっこ
12:00		
13:00	おしっこ	
14:00	睡眠	母乳　おしっこ
15:00	母乳	昼寝②
16:00	おしっこ	
17:00	母乳	
18:00	うんち　沐浴	母乳　おしっこ
19:00	おしっこ	おふろ
20:00	母乳＋ミルク 30ml→睡眠	睡眠
21:00	うんち　おしっこ	母乳　おしっこ
22:00	母乳→睡眠	睡眠
23:00		

（注）生後1ヵ月児は母乳とミルクの混合、生後3カ月児は母乳のみ。（筆者作成）

図表1の「生後3カ月児」のように、寝ている間と起きている間のメリハリが出てくる。目で物を追い始めるようになり、はっきりとした色合いのオルゴールメリーや手に持ちやすい大きさのガラガラは乳児の目にも留まりやすく、親子のコミュニケーションの幅が広がっていく。
　クーイング（「アーウ」「クー」などの声を発すること）が増えるので、まるでおしゃべりをし合うようなやり取りも増えていく。コミュニケーションがとりやすくなることから、親は積極的に目と目を合わせて話しかけることが望ましい。
　生後6〜7カ月には、大半の乳児にとって寝ていることが多かった生活が一変していく。寝返りやお座りが上達すると、思わぬ事故につながることがある。ソファーや電気コードなどには、大人だけの生活では感じない危険が多く潜んでいる。お座りが安定しない場合には、ジョイントタイプのマットを敷くことで転倒によるけがを防止したり、電気コードは感電の恐れ以外に、つながっている電化製品が落下する危険を認識したりするなど、先回りをして安全な環境を作ることが大切である。

2．1歳の日常

　多くの子どもたちは、1歳前後から歩き始める。歩き始めることで、視界や行動範囲が広がっていく。興味・関心のまま突き進み、さまざまなことに挑戦を始める。
　また感情の発達も著しく、コミュニケーションの基礎を培っていく時期となる。かんしゃくやぐずることも多く、大半の親が、子どもといっしょに泣きたくなる瞬間を経験するはずである。子どもが自分自身の感情をある程度コントロールできるようになるにはまだまだ時間がかかる。自分の思いが親に伝わり、欲求を満たした後でも気持ちが収まらないことがある。そのような場合には、言葉が通じなくても「○○したかったよね。よく分かるよ。でもね、今はできないの。また今度やろうね」などと共感しながら説明していくことが重要である。まだまだ言葉の意味

を理解していないと思われるが、子どもは大人の表情の変化に敏感であり、言葉のニュアンスが伝わっているため、説明は無駄なことではなく、非常に大切な意味を持つことになる。

　歯磨きの習慣づけも、この時期から始まる。子どもに持たせる歯ブラシは、喉を突かないよう持ち手がリングになっているものや安全ガードが付いたものを選ぶようにし、親が持つ仕上げ磨き用は、毛先が滑らかなもので、ヘッドが小ぶりなものを選ぶようにしたい。子どもは口の中も非常に繊細で、大人がふだん自分自身の歯を磨くように子どもの歯を磨くと、力が強すぎて歯茎からの出血に至る場合がある。そうなると子どもの中で、歯磨きは痛くて嫌な時間と認識され、以後、歯磨きに対して極度の拒絶反応を示すようになりやすい。力加減としては、キッチンスケールなどを利用しながら、約100～150gの力で磨くよう目安にするとよい。一度歯磨きを嫌がるようになると、毎日の歯磨きの時間が闘いのようにお互い構えるようになってしまう。これでは、親も子も苦痛になってしまうため、歌を歌いながら磨いたり、笑顔で話しかけたりしながら磨くなど、歯磨きの時間を楽しく過ごせるよう工夫することも、一つの手段である。

　1歳半を過ぎると、音やリズムに合わせた動きもできるようになってくる（**写真3**）。自分の足で安定して立ったり歩いたりできるようになるこの時期は、身体を動かす欲求が高まっていく。音やリズムに合わせた動きをすることで、バランス感覚や筋力も育っていき、身体全体を使って自分自身の気持ちを表現することが上手になる。手先の細かな動きも模倣できるようになってくるため、手遊び歌なども喜んでまねする。手のひらでチョウを作ってみたり、子どもの手にそっと大人の手を添えてみたりするなど、スキンシップを図りなが

写真3　音楽に合わせて楽器を鳴らす（1歳9カ月）

ら表現遊びを広げていくことができる。

3．2歳の日常

　この時期になると、身体能力も言語能力もそれまでよりはるかに向上する。その結果、身の回りのことを自分でやりたがったり、大人がしていることをまねしたがったりと、自我の芽生えと自己主張が目立つ時期になる。本格的な「イヤイヤ期」（写真4）が始まる2歳は、好奇心を育てるにも適している。何事に対しても「イヤイヤ」と言い、物事が進まないこともあるが、自我の芽生えとして成長を喜びながら対応することが望ましい。「イヤイヤ期」であっても、新しいことには目を輝かせる子どもが多い。

写真4　イヤイヤと言って怒った顔になる(2歳1カ月)

　また、自分のできることと、親に手伝ってもらってできることとの差を縮めるための言葉掛けも大切である。例えば、靴を履いたり脱いだりする際に、甘えから「履かせて」「脱がせて」と言われることもあるが、その際には「がんばれ、がんばれ」と優しく穏やかな口調で応援することも効果的である。

　ふだんは気に留めなかった花や虫に目を向け「何だろうね？」「きれい

《エピソード1》公園にて
　2歳のM子と母親が、近所の砂場で遊んでいると、同じ年くらいの男児と母親がやってきた。母親たちが「何歳ですか？」などと世間話をしている間に、男児がM子のスコップを持っていく。男児の母親は「貸してって言おうね」と男の子に促している。M子の母親は「M子、貸そうね。いいよ、って言えるかな？」などと話しかけている。M子は「ダメ、M子の！」と言って、男児の近くに行き、スコップを指さして顔を曇らせている。M子の母親が、「M子のスコップ、こっちにもあるよ？1つ貸そうよ」と言うが、M子は男児が持つスコップに手を伸ばす。男児の母親が「ごめんね、M子ちゃんのだよね」と言って男児からスコップを取ろうとするが、男

> 児もスコップを離さない。しばらくすると、男児は砂場を去って滑り台の方へ行った。M子の母親は「次は貸せるといいね」とM子に語りかけた。
> 　2週間後、同じ公園に行くと、M子よりも小さな女児が隣にやってきた。前回と同様、女児がスコップを手にし、女児の母親が「貸してね」と代弁している。その間、M子の母親はM子の様子を見ていると、M子は自ら「いいよ〜」と言ってスコップを女児に差し出した。

な色だね」などと話しながら歩くと、子どもの興味や関心も増すだろう。
　2歳を過ぎた頃からは、同じ場所で別々の遊びをしながらも、周りの子どもに興味を持ち始める時期になる。まだ「友達」という感覚はなく、相手の気持ちを察する能力が未熟であり、しばしば子どもどうしの関わりの中で、いざこざや思いのすれ違いが生じる。エピソード1のように、初めは貸し借りができなかった子どもも、同じ経験を繰り返すことでやり取りができるようになり、社会性が育っていった。いざこざは全てを回避するべきものではなく、ときには相手の気持ちを知るという意味で重要な経験になるため、いざこざが生じた後にどう対応するかを考えていくことも大切である。子どもどうしの衝突は、自分の気持ちを言葉で言い表せないために生じることもあるため、親は子どもどうしの橋渡しをするよう言葉を補っていくことが望まれる。また、「順番で」「いっしょに」などという言葉を繰り返すと、徐々に子どもも理解し、行動に移すことができるようになっていく。大きなけがだけは注意しながら、子どもどうしのやり取りも丁寧に見守っていくことが大切である。

第2節　家庭における生活のリズム

1．生活リズムに気をつける

　近年、核家族が増えてきているため、子育ても夫婦のみで行っていく

図表２　ある共働き家庭の一日

5:30	母起床・身支度
6:00	朝食準備
6:30	父・子　起床 身支度
7:00	朝食
7:30	自宅を出る
7:45	保育所に預ける
	保育所・仕事
17:00	保育所迎え（母）
17:30	帰宅
18:00	夕食準備 入浴準備
18:30	入浴
19:00	夕食
20:00	だんらん
20:30	就寝準備
21:00	子就寝
22:00	父帰宅
23:00	母就寝
24:00	父就寝

（筆者作成）

ことが多くなってきている。そこで本節では、共働き家庭に焦点を当てて言及する。

　保育所に通っている子どもたちの保護者のほとんどは共働きであり、子どもと過ごせる時間は限られ、仕事がある日は朝と夜のわずかな時間を子どもたちと共有し過ごしている。**図表２**は、ある共働き家庭の一日のスケジュールである。このように慌ただしい毎日を過ごしており、子どもを保育所に預け始めると同時に、親子ともども新しい生活パターンに慣れていくこととなる。休日に親が夜更かしをし、翌朝寝坊をしてしまうと、親の生活リズムに子どもも引きずられて平日の生活リズムが崩れてしまうため、休日も生活リズムに気をつける必要がある。

　１歳を過ぎる頃には子どもにも体力がつき始め、午前中にある程度の運動をしなければ、昼寝の時間も遅くなり、夜の寝つきに影響が出てくるようになる。そのため、午前中に公園に出かけるなど、身体を使った

外遊びを取り入れることで、昼食後の昼寝がスムーズになるよう心がけることが望ましい。また、入眠の際は真っ暗になるよう工夫し、朝の目覚めと同時にカーテンを開けて太陽の光を浴びるようにすると、生活リズムが整いやすくなっていく。寝つきがあまり良くない場合は、「入眠の儀式」を行うことも効果的である。穏やかな音楽を聴いたり、絵本を読んだり、縫いぐるみに語りかけてからいっしょに眠ったりと、その子どもに合った「入眠の儀式」を重ねることで、寝つきが良くなっていくだろう。

2．望ましい生活とは

　前項で見たとおり、共働き家庭は子どもと過ごす時間が限られるが、工夫しだいで子どもと触れ合う時間を確保することができる。効率良く夕食を作るために、朝のうちに夕食の用意を済ませておくことも一つの手段である。また、1歳半を過ぎると子ども連れの買い物も大変になってくる。おとなしく買い物カートに座っていられる時間は限られ、レジに並ぶ間に飽きて泣き出してしまうこともある。これでは夕食の準備はもとより、買い物も十分にできない。ネット宅配など直接買い物に行かずに済む手段を利用したり、週末に買いだめをしたりするなど、親子共に心身に余裕を持って毎日を過ごせるように工夫することが考えられる。

　親が働いていることはデメリットばかりではない。親と子それぞれに世界が広がり、精神的な余裕が生まれる。仕事がある日は時間に追われて子どもと向き合う時間が限られている分、休日には家族と過ごす時間を大切にできる。子どもと離れている時間があることで、刺激や息抜きができ、仕事と家庭の両立が働く親のアイデンティティの確立にも役立つと考えられる。

　1歳を過ぎると、離乳食の完了や乳歯の増加、排泄の意識が高まるなど、生活のあらゆる場面で赤ちゃんから子どもへと成長していく。本格的な「イヤイヤ期」が訪れた後に、乱れた生活習慣を正すことは難しく

なってくるため、1歳代で望ましい生活習慣を身につけ、子ども自身が一日の流れをつかめるようにしていくことが大切である。

　望ましい生活を送るためには、何事にも「楽しい」「うれしい」と感じることが第一歩となる。乳児期の子どもたちに、早寝早起きや歯磨き、食事のルールなどの必要性を説明しても、理解させることは難しい。だからこそ、「楽しい」「うれしい」と感じ、やろうとする意欲を伸ばしていくことが必要になる。歯磨きを嫌がる子どもに対し、一方的に仕上げ磨きを強制して行うよりも、「今日は○○ちゃんにママの歯を磨いてもらおうかな？」などと話しかけ、いっしょにやってみることが効果的である。子どもの興味・関心を引き出し、親子共に無理のない望ましい生活習慣づくりを心がけることが大切である。

第3節　父親・母親のあり方

1．父親・母親の始まり

　子どもを胎内に宿した時から、父親や母親としての意識が芽生える。とりわけ、母親は自分の体調に変化を感じるため、親としての自覚を持ちやすい。心理学における親子関係の研究は数多くあるが、つい最近まで父親に焦点を当てた研究は行われていなかった。柏木惠子は、子どもの発達に対するもう一人の貢献者（影響者）として、「父親の再発見」を論じている。父親は、子どもと遊ぶ際に変化に富んだ遊びを提供し、その結果、子どもの知的発達に重要な役割を果たすことから、父親は母親とは異なる役割を持ち、父親独自の役割が強調されている。また、父親と母親の子どもへの接し方を比較すると、母親のほうが子どもに優しく笑いかけ応答的であるという結果が出されていたが、第一養育者として育児を担っている父親は、母親に類似した行動をとっている［柏木、2006］。

出産と同時に本格的な父親・母親も誕生すると言えるが、最近では、出産前後に父親も参加できる子育てをテーマにした研修会が充実してきており、親として育っていくためには経験を重ねながら知識も増やしていく必要がある。

> 《エピソード2》いざこざによるかみつき
> いつもどおり保育所へ迎えに行くと、保育者が「実は…」と、神妙な面持ちで話し始める。友達とのおもちゃの取り合いで、友達の腕をかんでしまったという。1週間の間に2～3回発生し、家でも困ったり怒ったりするとかみつきが目立っていた。

2．父親・母親としての発達

　これは筆者が経験したエピソードである。親と子は喜びも悲しみも共有していくが、ネガティブな事柄に関してはすぐに反応しがちである。かみつきなどは、自分の思いを言葉にすることができずに、とっさにしてしまうことが多く、大きなけがにつながることもある。家庭では、大人と子どもという圧倒的な力の差があるため、曖昧になりがちな注意も、子どもたちの間で起こるトラブルによるけがを防ぐために、家庭においても毅然とした態度で接する必要がある。毅然とした態度で叱った後は、できたことをよく褒めたり、喜びを共有したりするなど、プラスの感情もたくさん伝えてもらいたい。

　ところで、エピソード2から約半年後、今度は筆者の子どもが、かみつかれた傷を作って帰ってきた。保育者からの丁寧な状況説明を受け、「痛かったね」などと声を掛けて帰宅した。お風呂に入りながらも傷を見ては「〇〇ちゃんが…」と話す子どもに、その度に共感しながら声を掛けた。痛みも経験し、成長していく子どもの姿がそこにはあった。親は全てのいざこざの場面に立ち会うとは限らない。乳幼児期に身につける社会性は、今後の子どもの道徳性の基盤となる部分である。過度に反

応したり、親が出来事の意味付けをかってに行ったりしないよう、子ども自身が考えて行動できるように支えることが必要である。

　父親や母親のあり方は各家庭によって異なってくるが、子育ての方針をよく話し合い、どちらかが叱り役、どちらかが受け止める役といった固定的な役割分担を行うのではなく、臨機応変に柔軟性を併せた対応を行っていくことが望ましい。ときには、近隣の保育所や児童館、役所などの相談窓口や社会資源を利用しながら、家庭における保育を見直し、子どもと共に成長していきたいものである。

【引用・参考文献】

秋田喜代美『保育の心もち』ひかりのくに、2009 年

柏木惠子「父親と母親——おとなの発達としての親であること・親をすること」柏木惠子・大野祥子・平山順子『家族心理学への招待』ミネルヴァ書房、2006 年、pp.142-148

菅野幸恵・塚田みちる・岡本依子『エピソードで学ぶ赤ちゃんの発達と子育て——いのちのリレーの心理学』新曜社、2010 年

第9章
保育所における乳児の保育

岡本　弘子

第1節 保育所における保育者

1．保育所

　保育所は、児童福祉法に基づく児童福祉施設である。保育に一定の基準を保つため、さまざまな関係諸法令がある。保育の内容や運営等は、保育所保育指針に示されている。各保育所は、保育所保育指針の枠組みの中で保育を捉え実践するが、その内容や方法は各保育所に任されている。保育所保育指針第1章2（1）では、保育所保育の目的について、「保育所は、児童福祉法第39条の規定に基づき、保育に欠ける子どもの保育を行い、その健全な心身の発達を図ることを目的とする児童福祉施設であり、入所する子どもの最善の利益を考慮し、その福祉を積極的に増進することに最もふさわしい生活の場でなければならない」と示している。さらに、保育所の特性は、養護と教育が一体的に行われることと示されているが、本章が対象とする乳児（3歳未満児）の生活は、養護を中心としている。

　乳幼児期は、人として育っていく過程において基礎となる土台作りのいちばん大切な時期である。乳児期は心身の発達が顕著で、個人差も大きい。その時期に一日の大半を保育所で過ごす子どもが、健全な心身の発達と生きる力の基礎を育むためには、保育所の生活が安心・安全で、衛生的で、情緒が安定するものでなければならない。保育所は、子ども一人ひとりの発達を踏まえ、子どもの自発的で主体的な活動を重視しながら、発達の連続性等を大切にする場である。保育所の中心は子どもであり、その生活は職員全員が子どもと共につくり出すものである。

　子どもの発達には親子の愛着が欠かせないが、現代社会においては複雑な家庭環境の子どもが増加しており、保護者との間に愛着を形成しに

くい場合もある。保育所の大きな役割は、命を守り育むことである。人権擁護や虐待防止のためにも、保育所のセーフティネットとしての役割の重要性が高まっている。保育所は、保育所保育指針に基づき、地域の子育て支援の役割も担っている。

2．保育者の役割

保育者は、対人援助職であり、福祉職である。この職には、3つのH「Heart（温かな心）、Head（冷静な頭）、Hand（確かな技術）」が求められるといわれている。保育者を広義に捉えると、社会福祉士や介護福祉士の側面、教育者の側面もある。

保育所保育指針には、諸所に保育者の資質や役割および姿勢が示されている。第1章2（4）では、「保育所における保育士は、児童福祉法第18条の4の規定を踏まえ、保育所の役割及び機能が適切に発揮されるように、倫理観に裏付けられた専門的知識、技術及び判断をもって、子どもを保育するとともに、子どもの保護者に対する保育に関する指導を行う」と示している。

(1) 子どもにとっての保育者の役割

保育者の役割は、まず子どもの思いを理解することである。保育者は子どもに接するとき、ゆったりした心構えと笑顔で、子ども一人ひとりにしっかり向き合い、子どもが何を感じ何を必要としているのか、子どもにとって何が育つ時なのかを感じ取っていかなければならない。そして、その思いに共感し、ときには代弁し、的確に判断し、さりげなく適切に援助をする。また、保育者は、一人ひとりの発達過程に応じた子どもが、思わず関わってみたくなるような応答的で繰り返し試せる環境を設定し、それを十分楽しめる時間や雰囲気も保障していかなければならない。ときには、子どもどうしの調整役でもある。子どもは、このようなタイミングよく応答的な関わりやスキンシップが得られる環境の中で、

特定の保育者との間に基本的信頼感や愛着を形成し、自ら周囲に関わろうとするようになり、他の人との関係も良い方向に築いていく。保育者は、子どもが日常的に出会う数少ない大人の一人なので、貴重な行動モデルとしての役割もある。保育者は、子どもが好きなだけでは務まらない仕事ではあるが、子どもをいとおしいと思う気持ちは欠かせない。

(2) 保護者にとっての保育者の役割

　保護者にとって、保育者は共に子どもを育てる存在であり、保護者間の仲立ちでもある。保育者には、子どもの発達や家庭での子育てを支えるために、保育所における日々の生活、そして保育所以外の子どもの生活や保護者のことにまで思いをはせ、また、現在だけでなく子どもの将来にまで思いをめぐらせる生活の連続性という視点も重要である。

　保護者の中には、就労支援等の役割しか求めていない場合もあるが、保育者と日常的に話せる関係を望む声もある。保育者が保護者とコミュニケーションをとる方法の一つとして、保育所送迎時の会話と、連絡帳の活用がある。子どもの育ちは見えにくいものだが、時間に余裕のない保護者は、見える育ちさえ気づくのが難しいときもある。身近に子育ての相談をする人がなく、マニュアルどおりにいかないことに焦りや不安を感じている場合もある。乳児は言葉が十分には話せないので、保育所での生活や遊びの様子をたくさん伝え、ときには子どもの気持ちを代弁し、子どものいとおしさも伝えていく。保育者のこのような支援は、保護者に安心感を与え、信頼関係を築くきっかけにもなる。

　保育所で、子どもの重大な病気や発達障害等が早期発見されることがある。早期の対処をするために、保育所から専門機関を紹介することもあるが、それには慎重な対応が必要である。保育者は、保護者の理解しがたい言動に戸惑うときもあるが、常に保護者が抱えている問題や思いに共感し寄り添っていくようにする。

　また、保護者どうしが子育てを支え合う関係を築くきっかけの場にな

るよう、保護者会等の機会を活用していく。

3．保育所職員間の協力体制

　保育所保育指針には、子どもの健康・安全面の整備向上や保護者支援のために、職員間の連携等が欠かせないと示されている。乳児クラスでは複数担任が多く、育児担当を併用している所もある。保育者はそれぞれ技量や持ち味が異なるので、保育所の理念や目標の下に、互いに支え合う体制を築くことにより、それぞれの長所を生かし短所を補った保育ができる。子どもを多面的に捉えられ、気になる子どもがいた際には、その子どもの傍らで見守ることもできる。

　保育者は、一人の子どもに心を向けながら子ども全員に向かって保育をする。また、子どもに対する責任は担任だけでなく保育所全体にあるということから、保育者全員が子ども全員のことを理解し保育を行うことが重要である。保育者間の意思疎通が不十分な場合は、個と集団への配慮が欠けてしまう。その結果、子どもの発達の時を見逃したり、事故が起きやすい状況につながったりする場合がある。それを防ぐためにも、保育者どうしが気軽に話せる雰囲気を築き、日々の保育でそれぞれがどのように動くのかを確認することが必要である。保育はとっさの判断を求められる場合もあるので、日頃から保育観を話し合い、できれば行動の判断基準も決めておく。計画、実践、評価の際にも、子どもが中心であること、保育所の方針や目標があること、自分やクラスは保育所のどのような部分を担っているか等について共通の理解が必要である。

　保育所は保育時間が長いため、保育者の勤務体制が複雑である。子ども全員を守り育むためには、情報伝達と確認が重要である。そのため、職員会議での話し合いを重視する、マニュアルという形で目安を示す、引き継ぎ時に連絡申し送りメモを活用する等、それぞれの保育所で工夫が見られる。3歳未満児クラスの担任が休暇を取る場合、その日の保育補助は3歳以上児クラスの担任が行うことにしている所もある。

保育所には、保育者以外に看護師、栄養士、調理員等が常勤している。地域や入所児の状況に応じて、通訳、心理士、用務員が常勤している所もある。さまざまな立場の人が皆で子どもを育てようという姿勢があれば、子どもをさらに多面的に捉えられ、保護者や地域からの信頼を高めることにもつながる。そのために、全職員が互いに尊重し合う姿勢や、それぞれが率直に意見を伝え必要な情報を共有する体制をつくることが求められる。

　最近は、複雑な家庭環境の子どももおり、保育所の中だけでは対処しきれない事例が増えている。保育所は、日頃から地域にある他の専門機関および公的機関や関係者等と、連絡や連携が取りやすい関係を築いておかなければならない。

第2節　集団保育の良さと問題点

1．集団保育の良さ

　保育所保育指針第2章には、子どもの発達には人との関わりが最も大切と示されている。保育者からの刺激もあるが、子どもは子どもどうしの関わり合いの中で、さらに多くの刺激を受ける。同年齢集団で過ごす中で、0歳児であっても「友達といっしょに楽しみたい、負けたくない、認められたい」等という気持ちを表すようになる。月齢が3か月低い子どもを見て、自分より小さい子と思い優しく接する姿も見られる。2歳児は自我の育ちによるトラブルが多いが、1歳児の時に保育者が友達の思いを伝える援助を繰り返す中で友達の存在に気づき、「順番、交代、貸して、仲間に入れて」等の言葉を知り、我慢することや待つことも少しずつ学んでいく。雨上がりの公園に2歳児が散歩に行った際、雨に濡れて滑りやすい所で、他の2歳児に「ここ滑るよ」と手を差し伸べる様

子も見られる。

　子どもは、子どもどうしで伸び合う力がある。その育ちには、異年齢から受ける影響も大きい。年上の子どもの活動に憧れを抱き、例えば、5歳児が料理をする様子を見て2歳児がまねをしたがり、タマネギの皮むきを手伝うこともある。年下の子どもをいたわる気持ちも芽生え、3歳児が、1歳児の着替えを手伝う様子も見られる。集団で楽しい活動をたくさんしていくことで、周囲への興味・関心の幅が広がり、さまざまな力の基礎が芽生える。集団生活における習慣も、身につきやすい。

　保育所では、このような様子が諸所で見られる。もちろんこの背景には、保育者による環境設定や援助があることを忘れてはならない。

2．集団保育の問題点

　保育者は、第二の母親と言われるほど、一人ひとりの子どもに心を砕き、可能な限りの援助をしている。しかし、保育者と子どもとの人数比が、0歳児では1対3、1～2歳児では1対6である。もし、保育者の援助が不十分な状況であったり、職員集団に共通認識が欠けていたりした場合、子ども自身が周りにいる他の子どもと同じことをしなくてはいけないように思ったり、保護者が自分の子どもと他の子どもとを比較し、自らの子育てや自分の子どもの育ちに不安や心配を感じやすくなったりする。また、保育者が、大人側の視点で子どもの活動を見て困ったと思うことや、子どもの大切な瞬間を見逃してしまうことにもつながりやすい。さらに、保育者は、日頃からさまざまな状況を想定し、自分は子どもを守る存在になるのだと強く自覚したうえで創造的な保育や安全保育の実践に取り組むべきであり、そうでなければ、災害発生の際に子どもの命を守ることなどはとうていできない。

　子どもの活動は、子どもにとって必要なものであり、そこには子どものやむにやまれない思いがある。職員集団に保育観等の共通認識がなければ、安心・安全で個々に沿った保育は行えないので、日頃から繰り返

し保育の意義や本質を話し合っておくことも必要である。

第3節 保育の計画・記録・評価

1. 保育の計画

　保育の計画と評価は、保育の目標を達成するために欠かせない。保育所保育指針第4章では、「保育課程及び指導計画は、すべての子どもが、入所している間、安定した生活を送り、充実した活動ができるように、柔軟で発展的なものとし、また、一貫性のあるものとなるよう配慮することが重要である。また、保育所は、保育の計画に基づいて保育し、保育の内容の評価及びこれに基づく改善に努め、保育の質の向上を図るとともに、その社会的責任を果たさなければならない」と示している。保育の計画には、保育課程と指導計画がある。

(1) 保育課程
　保育課程は、関係諸法令、保育所の方針や目標、発達過程の理解、生活や発達の連続性、食育や行事やその他の基本方針、保護者支援、専門機関との連携、地域や家庭の実態やそれぞれの願い等を踏まえたうえで、入所から退所（卒園）までの全期間における保育所での生活について、養護と教育の一体的な視点から、発達に即したねらいと内容を示した総合的な計画である。養護と教育のねらいと内容に基づき計画を立てるが、乳児期は養護の比重が大きい。
　保育課程は保育所保育の根幹となるものなので、実践後の振り返りの際に、計画にまで立ち返り変更することもある。それは、保育には保育者の意図があり、その意図にまで立ち返らないと次の計画に生かせないからである。そのためにも、柔軟で発展的で一貫性のあるものとする。

図表1（次ページ）に、保育課程の一例を示す。

(2) 指導計画

　指導計画は、生活や遊びを通して、子どもたちの発達を日々促すためのものである。保育課程を具体化した長期の指導計画には、年次案、期案、月案がある。長期の指導計画を具体化した短期の指導計画には、週案、日案、部分案がある。その内容には、計画前の子どもの姿、養護と教育の視点に基づくねらいと内容、予想される子どもの姿、保育者の援助と配慮、環境の構成、食育や行事や延長保育との関連、地域や家庭との連携等がある。この計画は、全体の計画のどこに当たるのかについて考えながら、連続性のあるねらいと内容を設定する。

　乳児の指導計画作成時は、発達過程に大きな差がある時期であり、入所時期が違う場合があることも念頭に置く。基本的生活習慣の自立に向けた配慮、遊びや経験を広げていくための配慮、保育所の生活に慣れるまでの配慮、進級時にスムーズに移行するための配慮等の視点から、年齢別計画に加えて、個人別計画も作成する。保育実践後には省察をし、改善事項を次の計画に生かすことが重要である。

2．保育の記録

(1) 記録とは

　保育所保育指針には、諸所に保育の記録の重要性が示されている。保育者は、毎日計画に基づいて実践し、それを振り返り記録し、それを基に子どもを理解し、保育を省察する。保育の記録は、実践をその場限りのものにしないために欠かせない。記録を書く目的は、子どもについての理解、発達に即した保育の実践、職員間の共通理解、保護者との連携等である。

　保育者が書くものに、保育日誌、保育経過記録、出席簿、連絡帳、午睡チェック表、保育所児童保育要録、クラス便り、学年便り、遊具や用

図表 1　保育課程の一例

保育理念	一人ひとりの子どもが豊かに育つように、保護者が安心して働くことができるように、子どもと保護者に寄り添い、保育の質の向上を目指す。また、地域の子育てを支える保育所として地域との触れ合いを大切にしていく。
保育方針	子どもの可能性を最大限に生かす環境づくり、望ましい未来として生き出す力の基礎を培う。
保育目標	感性豊かな子ども・命を大切にする子ども・自分の発見や考えを表現できる子ども・意欲的に行動できる子ども・個性豊かで創造的な子ども。
社会的責任等	地域社会との交流や連携を図る。子どもの人権に十分配慮するとともに、子ども一人ひとりの人格を尊重して保育を行う。保育の内容を適切に説明するように努める。保育士は職務上知り得た子どもの個人情報を適切に取り扱い、職員や保護者に周知徹底を図るようにつとめる。保護者の苦情相談に対して、その解決を図るように努める。
☆地域の状況	田んぼに囲まれ、里山の自然環境に恵まれている。
☆主な行事	入園式・子どもの集い・遠足・保育参観・運動会・交通安全教室・地区行事等
年齢別保育目標	0歳児　衛生的で安全な環境のもと、特定の保育者との愛着関係を築き、快適に過ごす。
	1歳児　衛生的で安全な環境のもと、保育者との信頼関係を求めながら、保育者の手助けの中で心身ともに快適に過ごす。
	2歳児　保育者との安定した関わりの中で、言葉による表現を豊かにしたい。
	3歳児　友達や保育者と遊ぶ中で、友達とのつながりを広げる。
	4歳児　生活や遊びの中で、一つの目標に向かっていく力を合わせて活動し、達成感や充実感を皆で味わう。

保育の内容

区分		0歳児	1歳児	2歳児	3歳児	4歳児	5歳児
養護	生命の保持	特定の大人との信頼関係が芽生える。一人ひとりの生活リズムを考慮する。	保育者との信頼関係がさらに深まり、生理的欲求を十分に満たし、気持ちの良い生活をする。	生活の中で遊びの中で、自我が育つより、自分自身への関わりを持つ。	基本的な生活習慣を身につけられるように援助する。	基本的な生活習慣を身につけるように配慮する。	生活に必要な基本的生活習慣が身につき、体を大切にしようとする気持ちが育つ。
	情緒の安定	優しく応答的な触れ合いや言葉掛けで安心感を与える。	心地よい環境の中で、保育者とスキンシップを取り、心の安定を図る。	気持ちを理解することにより、信頼関係を深める。	主体性を育み、意欲を高める。	周りの人から存在を認めてもらうことを喜びを感じ、自己肯定感を育てている。	保育者との信頼関係を深めながら、自信を持って意欲的に生活できるようになる。
	健康	清潔になることの心地よさを感じる。	身の回りの簡単なことを自分でしようとする気持ちが芽生える。	できない部分は援助を求めながら、身の回りのことを自分でしようとする。	身の回りを清潔にすることの大切さを知り、生活に必要な活動を自分でしようとする。	自分の体や身の回りのものに興味・関心を持ち、異常を感じたときは保育者に伝える。	生活の中で危険を招く事柄が分かり、気をつけて行動する。
人間関係		特定の保育者との関わりにより、信頼関係を形成する。	身の回りの大人や子どもに関わろうとする。	自分でしようとする中で、自信や信頼感を持つ。	友達とふれあい簡単なルールのある遊びを楽しみ、自信や信頼感を持つ。	共同の遊具や用具を大切に扱い、友達と楽しく遊ぶ。	友達と共通の目的を持ち、協力して物事をやり遂げようとする。
環境		安心できる玩具および環境の中で、豊かな感覚が育つ。	好きな玩具や身近な自然や動植物に関わって遊ぶ。	身の回りの物や人や自然に触れ合うなかで、興味や関心を広げる。	身近な環境と関わりながら、身近な動植物はじめ、自然事象に親しむ。	身近な環境に関わり、さまざまな特徴を知り、関心を深める。	生活や遊びの中で、簡単な標識や文字、数量等に関心を持つ。

124

教育	言葉	喃語や片言を優しく受け止め、言葉の芽生えを育て、保育者とのやり取りを楽しむ。	話しかけやり取りに、声や言葉で気持ちを表そうとする。	生活や遊びの中で、簡単な言葉のやり取りを楽しむ。	友達の話を聞いたり、保育者や友達に質問したり、意味を持った言葉のやり取りによるイメージを楽しむ。	保育者や友達の会話を聞いたり、自分の思ったことや体験したことを相手に伝わるように話す工夫をする。	人の話を聞いたり、身近な文字に触れたりして、言葉への興味を広げる。絵本や物語に親しみ、内容に興味を持ってさまざまに想像して楽しむ。
	表現	身近な大人に対し、思いを表情や言葉で表す。さまざまな素材に触れ、全身で感触を楽しみ、感性を育む。	保育者等といっしょに、歌ったり簡単な手遊びをしたりして体を動かしたりして遊ぶ。	保育者や友達と遊ぶ中で、自分なりのイメージを膨らませ、楽しんで遊ぶ。	さまざまな素材や用具に親しみ、友達と工夫して遊ぶ。	友達といっしょに歌ったり合奏することを楽しむ。さまざまな素材や用具を使い、描いたり作ったりしてイメージを広げる。	自分のイメージを言葉や動き、形や色、言葉等に自由に表現したり演じたりして、遊ぶ楽しさを味わう。
食育を営む	食を営む力の基礎	保育者等とのゆったりした関わりの中で、食に対する意欲の芽を持つ。	いろいろな食べ物を見る、食べる、味わうことを通して、さまざまな食品や調理形態に慣れる。	いろいろな食材に興味を持ち、意欲を持って食べるようになる。	食べ物に興味・関心を持ち、食べることを楽しむ。	食習慣（マナー等）を身につける。いろいろな味に興味を持つ。	食べ物と体の関係に関心を持つ。野菜の栽培や調理活動を通して、自分で育てて喜び、作って食べる楽しさを感じる。
健康支援		日々健康状態・発育状態の把握、嘱託医による内科受診・歯科検診、保健訪問、異常が認められた時の適切な対応、心身状態の把握、養護家庭生活、園内保健指導、年間保健計画、むし歯予防、アレルギーの対応、フッ素洗口、視力検査、ひきつけ対応
環境・衛生管理・安全対策・事故防止		施設内外の整備、園内の清掃、衛生管理及び食生自主点検、空気清浄機設置、外部業者による施設清掃、子どもの蟯虫検査、職員の細菌検査、避難訓練（火災、地震、風水害）、遊具安全点検、室内外の安全点検、防災システム点検、防災無線受信、交通安全教室、救急救命講習会（AED含む）、玄関ブザー・刺股・安全マット設置
保護者等への支援		子育て支援活動、室内外の解放、一時保育相談、地域通信、実習生・ボランティア・職場体験、保育体験の受け入れ、情報提供（園便り、クラス便り、保育便り）
研修計画		公私立保育園の研修、幼保小合同研修、給食会議等、園長・副園長・調理師の研修、保育会の研修、歳児別・クラス別の研修、職員会議、自己評価、研修反省
小学校との連携		給食会議等、幼保こ小学校保育要録を小学校への送付、一年生との交流会、小学校クラス編成会議、地区運動会
特色ある保育		畑活動や行事の交流、給食レシピとの配布、子育て支援事業
地域との交流		地域文化祭や祭りへの参加、地域老人会との交流、地域防災・防犯及び行事連絡会議
自己評価		自己チェックリストや保育実践を振り返り、個々に保育実践や会議等を通して、職員相互の研修や会議等に役立て、園全体の保育の質の向上を図る。

（筆者作成）

具の点検記録、事故等発生記録簿、健康診断の記録、避難訓練の記録、会議や係の記録等がある。実に多くの記録があり、またその形式もさまざまである。

　不慮の事故や保護者との間にトラブルがあった際に、情報開示や説明責任が求められることもあるが、記録は原因の究明に役立つのと同時に、保育者自身を守るものでもある。また、職員会議等の話し合いの際にも役立つ。記録の中には公簿もあるが、他の書類についても第三者から見て分かりやすい内容にしなければならない。日々丁寧に記録をとり、幾つかの書類を連動させて活用すると、さらに記録を生かせる。

　記録の作成は保育の一貫なので、記憶が薄れないうちに書く。しかし、記録を書く時間は勤務時間外になることもある。記録の作成を継続していくためにメモを活用したり、保育者間で時間配分の検討をしたり、書きやすいように様式を工夫したりすることも一つの手立てである。日頃から、子どもの育ちや保育者が感じたことを簡潔に言葉にする練習も必要である。

(2) 保育日誌

　保育日誌は、保育所の理念に基づくその時期、その日の保育のねらいとの関連の中で、その日の自らの保育を客観的に振り返り、今後の保育を考えるためのものである。子どもの姿や変化、子どもどうしの関係、保育者の思いや援助、環境設定、その前後の活動等もできるだけ具体的に書く。単に事実を書くのではなく、その背景にある子どもの心の動きや育ち、家庭の状況、保育者がそれを書き留めた意図までを含めて書くこともある。そのような作業の中で、一人ひとりの子どもの様子を思い出し、感動したり成長を確認したりすることもある。一方、子どもの姿を捉える目が十分ではなく、環境設定や援助が不十分であったことに気づくときもある。そして、明日はもっと意識的に丁寧に観察しよう、こんな配慮をしようと思いながら、明日の保育のための計画を作成し準備

をする。その積み重ねが、子どもたちの遊びや経験の偏りをなくし、保育者自身の資質を高めることにもつながる。

(3) 連絡帳

連絡帳は、保育者と保護者が、子どもの情報を共有するための書類である。さまざまな書類の形式があるが、双方で保管できるという利点から複写式のものを使う所もある。乳児期は健康管理が重要なため、保育所から保護者に使用目的を説明し、ミルクや排便の回数や量、睡眠、体温、機嫌等についても記入を依頼している。しかし、保護者によって連絡帳の捉え方は多様である。子どもへのいとおしさがあふれているもの、子どもの家庭での様子だけでなく保護者の思いやニーズが読み取れるものもある。一方、必要事項さえ書いていないものもある。記入が不足している箇所については、送迎時に保護者から聞き取って記入する。

3．保育の評価

『保育所保育指針解説書』では、保育の質向上のために、保育者等の自己評価と保育所による自己評価を行うことが重要であることと、計画、実践、省察、評価、改善、計画という一連の過程について示している。

　実践をその場限りにせず、保育の質の向上につなげるには、実践後に省察と評価をし、その結果を次の計画に生かすことが重要である（**図表2**）。評価の基準は、各保育所の理念や計画に基づき作られる。評価の項目は、子どもの育ちや自らの保育について設定し、保育者等が自ら評価をする。そして、個人の課題は何か、クラスの課題は何か、その課題は他クラスとの関係ではどのように捉えられるのか、保育所全体ではどのように考えられるのかという視点で認識を深める。評価は、保育者等の主観だけでなく、子どもの声や保護者の意向にも耳を傾けたものにする。書面での振り返りは必要であるが、クラス間、同年齢間、全職員間等で、子どもの見方や保育の考え方について話し合い、子どもの実態や保育所

図表2　保育の質の向上

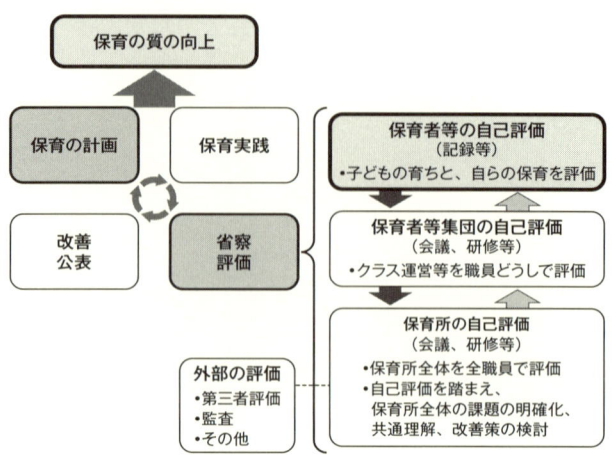

- 保育の質の向上
- 保育の計画
- 保育実践
- 省察 評価
- 改善 公表
- 保育者等の自己評価（記録等）
  ・子どもの育ちと、自らの保育を評価
- 保育者等集団の自己評価（会議、研修等）
  ・クラス運営等を職員どうしで評価
- 保育所の自己評価（会議、研修等）
  ・保育所全体を全職員で評価
  ・自己評価を踏まえ、保育所全体の課題の明確化、共通理解、改善策の検討
- 外部の評価
  ・第三者評価
  ・監査
  ・その他

（筆者作成）

にある課題を共通理解し、改善策を検討することは、さらに欠かせないことである。子どもの育ちを評価するときには、目に見える育ちだけでなく、見えにくい育ち、心情や意欲等にこそ重点を置くべきである。

　保育所の自己評価や保育内容全般にわたる現状について客観的に検証し、組織として成長するために、外部評価を受ける保育所もある。外部評価の結果は建設的に捉えて、会議や研修等に生かしていくようにする。

【引用・参考文献】

社会福祉法人あすみ福祉会茶々保育園グループ編『見る・考える・創りだす乳児保育〔新訂版〕』萌文書林、2014年

網野武博・阿部和子編著『0歳児のすべてがわかる！保育力がグーンとアップする生活・遊び・環境づくりの完全ナビ』明治図書出版、2012年

厚生労働省『保育所保育指針解説書』フレーベル館、2008年

汐見稔幸・小西行郎・榊原洋一編著『乳児保育の基本』フレーベル館、2007年

第10章

地域型保育事業における乳児の保育

永渕泰一郎

第1節 地域型保育事業について

1．地域型保育事業の法制化と背景

　2015年4月より、子どもの保育、子育て支援を総合的に進める新しいしくみの一環として、子ども・子育て支援新制度が実施される。その中の地域型保育事業は0・1・2歳児を受け入れる国の認可事業として位置づけられる。乳児保育を行う中で、どのような保育事業がなされているのだろうか。

　現在日本は、少子化傾向に歯止めが利かない状態であり、核家族化や地域社会の崩壊による子育て家庭の孤立などが社会問題になっている。大都市や都市部近郊では共働き家庭の増加によって、0・1・2歳児を中心に待機児童があふれる状況が続いている。共働き世帯や一人親家庭で、子どもの入所を望んでも入所できずにいる子どものことを待機児童と呼ぶが、待たずにすぐにでも子どもを預けることができるのなら入所させたいと考えている潜在的待機児の問題は数字では見えにくく、ニーズはいまだに多いとされている。

　都市部では、保育士不足や0・1・2歳児を受け入れる施設が足りないことが問題となっている一方、地方では、子どもの減少による保育所の廃園や、近隣の保育所との統合、保育所と幼稚園の統合などが起きている。こうした地域による子育て環境の偏りによる問題を解消するために、新しい取り組みとして、子ども・子育て支援新制度がスタートした。

2．子ども・子育て支援新制度での小規模保育施設

　子ども・子育て支援新制度での小規模保育施設は、待機児対策の一つとして、3歳未満児に重点を置いた小規模な保育の類型として新設され

図表1　地域型保育事業の諸形態

	小規模保育	家庭的保育	居宅訪問型保育	事業所内保育
形態	比較的小規模で家庭的保育事業に近い雰囲気の下、きめ細やかな保育を実施	家庭的な雰囲気の下で、少人数を対象にきめ細やかな保育を実施	住み慣れた居宅において、1対1を基本とするきめ細やかな保育を実施	企業が主として従業者への仕事と子育ての両立支援策として実施
規模	6～19人まで	1～5人まで	1対1が基本	1～19人まで
場所	多様なスペース	家庭的保育者の居宅、その他さまざまなスペース	利用する保護者・子どもの居宅	事業所その他さまざまなスペース
職員配置	—A型— 保育所分園など 保育士の配置 —B型— A型とC型の中間的な類型 保育士、保育士以外の保育従事者を配置 —C型— 家庭的保育に近い類型 家庭的保育者（＋家庭的保育補助者）	保育所実施型 （保育士＋家庭的保育補助者） 個人実施型 （家庭的保育者＋家庭的保育補助者）	居宅訪問型保育者	—A型— 保育所分園など 保育士の配置 —B型— 保育士、保育士以外の保育従事者を配置 （小規模保育と同様）

出典：[無藤ほか、2014] を基に作成

る。この制度では市町村による認可事業と位置づけられ、保育所と同様に財政支援を受けられるようになる。その財政支援には「子ども・子育て支援給付」として、「施設型給付」と「地域型給付」がある。この地域型保育事業として給付対象となる施設は、小規模保育、家庭的保育、居宅訪問型保育、事業所内保育の4つである（**図表1**）。

　これらの保育が地域型保育給付の対象となるためには、市町村の認可基準を満たし、支給確認を受けることが必要となる。この保育給付の財源を恒久的に給付するために、消費税を10％にした増税分を安定財源とする政策が考えられた。現在、日本は超高齢化社会を支えなければならないために、乳児を含めた子どものための財政導入は、今後も難しくなることが予想される。待機児童の問題解消ばかりではなく、乳児のための保育を第一義として大事に捉えるためには保育の質の向上が重要であ

る。数少ない乳児の一人ひとりと大切に関わることができる保育士や家庭的保育者に期待が寄せられている。

(1) 小規模保育事業

　小規模保育事業は、利用定員6人から19人までとする施設であり、従来の保育所の規模に満たない事業についても、保育の質を担保したうえで、地域の保育の受け皿として確保するため、子ども・子育て支援制度において、市町村認可事業として位置づけられたものである。このため、現行の認可外保育施設やへき地保育所、グループ型小規模保育事業などから幅広く認可事業に移行できるよう、乳幼児の保育に直接従事職員を3つのタイプで運用できる幅を持たせている。

　職員は保育士に限るA型、保育に従事する職員の半数以上を保育士とするB型、現行のグループ型小規模保育事業からの移行を前提としたC型の3つのタイプの事業種類がある。ただし、保育の質を担保する観点や、事業特性として小規模であることを踏まえ、保育所の保育士数よりも手厚い人員配置が必要とされている。

(2) 家庭的保育事業

　家庭的保育事業は、家庭的保育者の居宅その他の場所（保育を受ける乳幼児の居宅を除く）で保育を提供する事業であり、一定の要件を満たすものとして市町村長が適当と認める場所で実施することができる。利用定員は5人以下で、職員として家庭的保育者、嘱託医および調理員を置かなければならない。家庭的保育者は調理員と兼任することはできない。市町村によっては、玄関やトイレや台所などの設置基準が高いために、居宅では難しいケースがある。また、生活スペースとの分離の問題や、家庭的保育者の資質としての保育士資格の問題もあり、従来は、家庭的保育事業に消極的な市町村もあったが、2015年からは地域型保育事業の一環として給付の対象施設となる。

(3) 居宅訪問型保育事業

　居宅訪問型保育事業は、家庭的保育者1人が保育することのできる乳幼児の数は1人、保育を必要とする乳幼児の居宅において保育をすることとし、以下に該当するような場合に利用を認めることとしている。

①障害、疾病等の程度を勘案して集団保育が著しく困難であると認められる場合
②教育・保育施設または地域型保育事業者が利用定員の減少の届出または確認の辞退をする場合に、保育の継続的な利用の受け皿として保育を行う場合
③児童福祉法に基づく措置に対応するために保育を行う場合
④ひとり親家庭で夜間の勤務がある場合等など、居宅訪問型保育の必要性が高い場合
⑤離島、へき地などであって、居宅訪問型保育事業以外の家庭的保育事業等の確保が困難であると市町村が認める場合

　居宅訪問型保育は、いわゆるベビーシッターのことであり、本来は家庭からすればコストの高いものであるが、他の事業の中では例外的で、特に市町村が必要と認めた場合に国の補助が当てられる。

(4) 事業所内保育事業

　事業主等が主として従業員の子どものほか、地域において保育を必要とする子どもに保育を提供する事業である。事業所内保育事業者は利用定員の区分に応じて市町村が定める乳幼児数以上の定員枠（地域枠）を設けなくてはならない。利用定員が20人以上は「保育所型事業所内保育事業所」、19人以下は「小規模型事業所内保育事業所」とされ、それぞれに施設や職員の要件が定められている。

3．地域型保育事業と保育者の多様化

　保育士資格の有無については、小規模保育、家庭的保育、事業所内保

図表2　家庭的保育者の資格を得るための研修

	基礎研修	認定研修	
受講者	保育士を含む全ての家庭的保育者	保育士以外の者（基礎研修に加えて受講）	
		看護師、幼稚園教諭、家庭的保育経験者（1年以上）	家庭的保育経験のない者、家庭的保育経験1年未満の者
内容	講義21時間、実習2日以上	講義等(40時間)＋保育実習(Ⅰ)(48時間)＝計88時間	講義等(40時間)＋保育実習(Ⅰ)(48時間)＋保育実習(Ⅱ)20日間

出典：［無藤ほか、2014］を基に作成

育においての職員配置に関わってくる。保育士は、保育士資格ができる前は保母と呼ばれ、保母免許を持つ者が保育に従事してきた。このように、制度によって呼称も変わることがあるが、2015年4月より、従来の「保育ママ」は家庭的保育者（保育従事者）と名称が変更される。

家庭的保育者の定義は、保育士資格の有無にかかわらず市町村が行う家庭的保育者研修（**図表2**）を受けて、地域型保育事業の家庭的保育を行う従事者のことであり、研修だけで従事者になることができる。そのため家庭的保育者には、保育士資格を持つ者と持たない者とが存在する。研修については、保育士資格の有無、幼稚園免許等の有無、経験の有無によっても若干の免除の違いはあるが、全ての家庭的保育者に基礎研修の受講義務があり、認定研修を受ける者には最終試験が課せられる。また、基礎研修を修了し、認定研修をまだ終えていない者は、家庭的保育補助者として従事できる。

従来から、「保育ママ」は各自治体により呼び方が異なり、「保育ママ」「家庭福祉員」「家庭保育福祉員」「昼間里親」等さまざまであった。「家庭的保育者」に名称が変更されるが、資格や免許を取ることではないので、市町村によってはその運用がまちまちになる可能性も残されている。

第2節 小規模保育事業・事業所内保育事業

1. 小規模保育事業の実際

(1) 期待されている小規模保育の姿

　小規模保育事業は定員が6名から19名までと定められている。これは20名以上が保育所の定員数であり、家庭的保育が5名までであることから定員が定められている。施設型保育と違い、設置基準が緩やかに設定されているため、待機児童の受け皿として期待されている。

　小規模保育事業は、保育所の分園として広がりを見せるのではと期待されている。保育は全て、保育士が行う。既設の保育所の敷地に新たに分園を作るケースと、保育所から近い場所に賃貸マンションの1階などを借りて行うといったケースが多い。では、賃貸マンションをどのように使って保育するのだろうか。

　ある小規模保育事業所の例を見ると、そこでは、生後数カ月から3歳児までの子どもたちが約19名、年齢別のフロアで生活している。個々の睡眠リズムを保障するロフトスペースや子どもたちが使いやすいベビートイレ、洗面台、おむつ交換台など、乳児期の子どもを対象にした施設設備が充実している。また、壁には、大人の腰あたりの高さまで木の板が張りめぐらされていて、子どもの視線からは自然の木のぬくもりや香りを感じる心地よい空間となっている。保育士の姿からも、日々一人ひとりにたくさんの愛情を注いでいくことをいちばん大切にし、より家庭に近い環境の中で安心してゆったりとした生活を確保していきたいという思いが伝わってくる。

　子どもたちの姿を見ると、乳児の部屋にはマットの上に用意されたおもちゃを手に取って遊ぶ子どもや、朝の不安定な時間に保育士に抱っこ

されて、道路を走る車を見ながら「ブーブー来たね。青いブーブーも来たね」と声を掛けられ、機嫌を直し始める子どももいる。朝のおやつが終わり、排泄を済ませ、早速散歩に出かける。近くの公園に行くこともあれば、姉妹園の園庭で遊ぶこともある。

　たっぷりと体を動かすことで、食事と午睡がしっかりとれる。中にはアレルギーの子どももいるが、ここでは代替給食を行っている。人数が少ないからできる細やかな配慮が見られた。このような日課や活動が小規模保育の中でも行われている。午睡中に家庭的保育者は、眠っている子どもの様子を見守りながら日誌・連絡帳を書き、片づけ、掃除、打ち合わせや会議、午後保育から来た家庭的保育者への午前中の連絡と引き継ぎなどの仕事がある。0歳児担当者は交代で、子どもが寝てから食事をしていた。この日は月案の見直し会議が行われていたが、保育課程は卒園後に受け入れてもらう姉妹園と同じものを使い、小規模保育事業所を卒園した後の育ちの連携も行っている。

　ここで紹介したのは、全て保育士が家庭的保育者であるA型のケースであるが、これらはB型・C型の場合にも要求されるであろう。

(2) 実践から振り返る保育の質とポイント

　今後、保育士資格を持った家庭的保育者かどうかが問われてくる。先ほどの小規模保育事業所を例に、どのポイントで保育の質の高さがうかがえたのか振り返る。保育施設は賃貸マンションであるが、広めのコンビニエンスストアの空間をイメージすると実感できる。家庭生活の違いから、10時頃に眠くなる乳児もいれば、泣いた後、寝てしまう子もいるが、ロフトがあることで、一人ひとりの生理的欲求が保障されている。また、子どもの視線の範囲には壁一面に木製の腰板がある等、子どもの情緒を考慮していることが分かる。

　おもちゃは、子どもが今興味のあるもの、または家庭的保育者が子どもに気づいてほしいものを置いて、子ども自らが選択して自発的に遊べ

る環境がマットの上にあった。安定している子どもを見守りつつ、不安定な子どもに寄り添い言葉を掛け、子ども自ら安定していく姿を大切にしていた。日課としての活動でも、室内だけで安全管理を重視した保育にとどまらず、積極的に戸外へ出ることは、長時間室内で過ごす子どもにとって情緒の安定につながる。

　食事はアレルギーの子どもへの配慮がなされており、乳児の食事に大切に関わるために、家庭的保育者は昼食が遅くなっていた。子どもを中心にした保育を担う家庭的保育者にはどのような資質が問われるのか、保育士資格の有無をも含めて考えていかなければならない。

2．小規模型事業所内保育事業の実際

　小規模型事業所内保育事業所は、従業員のための保育事業所である。実際に運用を始めているケースを見ると、事業所内保育事業所では平日と土曜日も同じ時間で行っているが、従業員が出勤のない曜日や土曜日午前中で従業員の職務が終わる場合は、保育事業所も午前中で閉所する。地域の要望で入所の希望があった場合は、就学前児も受け入れることができるが、この所内の開所・閉所に合わせることになる。

　実例では、病院の院内保育所などがこれに当たる。医者や看護士のために病院が院内に設置したものに対し、国から補助金が出ることになったので、今後は企業内や商業施設、病院、大学等での設置が増加するであろう。一日の生活の流れや保育のポイントは小規模保育施設とほぼ同じであるが、保育スペースが1階のフロアであったり、建物の3階や4階といった空き部屋の再利用など、実例は幅広い。保育は委託であることが多く、近くの民間保育所の分園として行われたり、企業の保育業者が委託されるケース等がある。

3. 小規模保育事業における留意点

(1) 地域への子育て支援について

　子どもを地域の中で安心・安全に育てていくためにも、地域の人に保育を行っていることを伝え、理解してもらわなければならない。地域への子育て支援は、小規模保育事業施設を知ってもらえるチャンスでもある。
　例えば、毎日のように散歩へ向かう公園があれば、公園内に遊びに来た親子を対象に、月に1度でも遊びの提供や育児相談を実践する。このようなことが潜在的待機児を見つけ出すことにつながっていくだろう。また、月に1～2回でもよいので、第1子を妊娠している妊婦や第1子が3歳未満児で未入園児の保護者を対象に、赤ちゃんとの生活について話をする集いや育児相談をする等、情報を発信して関わりを持つ努力も大切になってくるだろう。

(2) 卒園後の転園先の確保について

　分園型の小規模保育事業施設であれば、小規模保育事業所の卒園後、姉妹園に入園することは前もって決めやすく連携も取れやすい。社会福祉法人や学校法人が運営する場合がこれらに当たる。これが個人・株式会社になると、受け入れ先がない場合は開園できない制度となっているため、非常に難しくなる。私立園との提携も考えられるが、市町村の働きかけでは公立保育所が担うところも出てきている。ふだんからの緊密な連携と、信頼関係の構築が責務となるだろう。

(3) 家庭的保育事業施設から小規模保育事業施設の設立へ

　待機児童を解消したい都市部では、受け皿になりやすい小規模保育事業施設を作りたい意向がある。そのために、家庭的保育所での運営が望ましく、ニーズが多い家庭的保育事業施設は、小規模保育事業施設と

して市町村から依頼されるケースも見られる。地域の保護者や子どもにとって、良い小規模保育事業施設が増えることはうれしいことだが、近い将来、地域から子どもが減ったときの存続・撤退等も考慮した設置を検討しなければならないだろう。

第3節　家庭的保育事業

1．家庭的保育事業の実際

(1) 0・1・2歳児の異年齢保育

　家庭的保育者は数名の子どもをいっしょに保育するため、異年齢の場合は兄弟姉妹関係に似た体験ができ、居宅で保育してる際は家庭的保育者の家族とも関われることから、核家族、小家族では味わえない人間関係を持つことができる。このように、5人までの0・1・2歳児を家庭的な雰囲気の中で保育するには、年齢を分けての保育よりも異年齢児で共に過ごす保育が考えられる。保育所や認定こども園であれば、16時以降の保育生活は、0・1・2歳児を一度に集めて保育をすることはよくある。

　保育所での夕方の穏やかな営みの中で過ごす家庭的な雰囲気を家庭的保育事業では基本としながら、毎日の日課に取り組み、子どもが安心して過ごせる環境を準備することが大切である。子ども一人ひとりの生活リズムは年齢の差だけではなく、家庭での過ごし方でも影響が色濃く出るため、1対1の対応を基本にしながら異年齢保育を進めることができるであろう。

(2) 社会福祉改革

　親の利便性を考えると、通勤に近い場所や駅から近い場所に賃貸マンションの1階を借りて行うといったことが多いが、受け入れる人数が少

ないために特徴的な保育を行うケースもある。

　すでに地域の子育て支援としてサークル活動を行ってきたり、NPOを立ち上げて地域の子育て支援を行ってきた団体が小規模保育事業を行う取り組みが見られる。このケースでは、地域の事情をよく理解していることや、地域の子育て世代との交流がすでにあり信頼関係がしっかりとしているために、保護者が安心して子どもを預けることができる。保育従事者は子育て経験のある保育ママが多いことから、核家族で孤立しがちな家庭では、共感できる子育てのアドバイスをもらえることも魅力となるだろう。

　居宅のそばに大きな緑地公園がある場所や、裏山や里山がある場所では、居宅での保育時間よりも屋外で過ごす時間を多く持つことで、いわゆる「森のようちえん」を思わせる営みを実践している。親のニーズに応える一つとしては、ふだんから自然に触れさせたいと思っているにもかかわらず、共働きにより野山に子どもを連れて行くことが難しいと考えている家庭には、このような保育内容がサービスとなる。嘱託医との細やかな連携や病後時保育のできる保育所との提携等、保護者が安心できるシステムを事業所として準備しておくことも大切になるだろう。

　また、もともと乳幼児のアトリエ教室を経営していたことから、アートを中核にした乳児保育を実践するというケースもある。親のニーズに応える一つとしては、ヌルヌル・ザラザラといった感触体験や、あふれる色や光を楽しむ体験、大胆に汚す・壊す・ぬたくる・描きなぐる体験を子どもにさせたくても、家ではなかなか個性を発揮させきれないと考えている家庭にとっては預けたい事業所となる。

　ただし、同じ敷地内やフロアでアトリエ教室等を行っている際には、「生活のスペース」をはっきりと区分けしなければならない。0・1・2歳児にとっては幼児や児童と出会い、触れ合える場所ともなるが、養護の視点から、安心できる居場所の確保については行政的にも監査が入ることになっている。

2. 家庭的保育の留意点

　保育士不足の解消の一助として、保育士資格を持たない家庭的保育者の従事が緩和されている。全ての家庭的保育者が研修を受けるために、その受講登録を、大阪市では保育ママバンクとして雇用に役立つようにしているが、すでに就職先が決まったうえで受講している者が多く、機能としては今後課題が残る。

　また、市町村によって設備等の緩和がかなり違う。大阪市ではトイレの便器が乳児用の便器でなければならない等、居宅では無理な状況がある。自園調理についても、調理員と家庭的保育者は兼任できない等、雇用人数と運営の難しさも想像できる。しかし、乳児の食事についてはアレルギーやアトピーが最も起こりやすい時期であり、ノロウイルス、ロタウイルス等の感染があった際の発生の特定が調理場であるかないか等、安全・衛生の面でも考慮が必要である。

　家庭的保育は０歳児から２歳児の受け入れのため、３歳児以上は基本的に近くの保育所・幼稚園・認定子ども園と連携し、必ず次の受け入れ先を作っておかなければならない。家庭的保育者が病気になった際は、公立保育所との連携から代替保育士の要請ができる関係性も必要となる。これは、相手側の保育所にとってかなりの負担となるため、関係性を築くことも難しいと考えられる。

　保護者が共働きであるため、万一の時に迎えに来られないということがあってはならない。保護者には、ファミリーサポートセンター事業へ登録しておくことをお願いする等、もしものときの対応等も決めておくべきであろう。

　家庭的保育では、「保育の計画」を作ったうえで保育し、日誌の作成や振り返りも行う必要がある。関係園との情報交換や研修などを通して保育の質の向上を目指すものでなければならない。

【引用・参考文献】

阿部和子編『演習・乳児保育の基本』萌文書林、2007年

厚生労働省「子ども・子育て支援新制度等について 行政説明資料」2014年

全国保育団体連絡会・保育研究所編『保育白書〔2014年度版〕』ちいさいなかま社、2014年

中央法規出版編集部編『認定こども園運営ハンドブック〔平成26年版〕』中央法規出版、2014年

内閣府・文部科学省・厚生労働省「子ども・子育て支援制度なるほどBOOK」2014年

保育所運営実務研究会『わかりやすい保育所運営の手引』新日本法規出版、2014年

前田正子『みんなでつくる 子ども・子育て支援新制度——子育てしやすい社会をめざして』ミネルヴァ書房、2014年

無藤隆・北野幸子・矢藤誠慈郎『認定こども園の時代——子どもの未来のための新制度理解とこれからの戦略48』ひかりのくに、2014年

吉本和子『乳児保育——一人ひとりが大切に育てられるために』エイデル研究所、2002年

大阪市ホームページ「子育て」(2015年2月15日検索)

http://www.city.osaka.lg.jp/seisakukikakushitsu/page/0000011361.html

横浜市ホームページ「子育て・教育」(2015年2月15日検索)

http://www.city.yokohama.lg.jp/front/life/02.html

第11章
乳児院における乳児の保育

池内　昌美

第1節 乳児院について

1．乳児院とは

　子どもは、その人格が尊重され、子どもの時期をより良く生きることが大切である。しかし、現在では家庭おける子育て機能が低下している場合があり、より良く生きることが困難な児童や乳幼児が増えている。児童の権利に関する条約の第20条において、「家庭環境を奪われた児童又は児童自身の最善の利益にかんがみその家庭環境にとどまることが認められない児童は、国が与える特別の保護及び援助を受ける権利を有する」と定められており、児童は権利の主体として、社会的養護を受ける権利を有している。

　家庭でのなんらかの事情により、より良く生きることが困難な乳幼児に対して、児童の権利を守る児童福祉施設の一つに乳児院がある。乳児院は、児童福祉法第37条に定められた入所型の児童福祉施設である。児童福祉法第37条では、「乳児院は、乳児（保健上、安定した生活環境の確保その他の理由により特に必要のある場合には、幼児を含む。）を入院させて、これを養育し、あわせて退院した者について相談その他の援助を行うことを目的とする施設とする」と定められている。つまり乳児院は、家族の病気などさまざまな理由により家庭で保護者が育てられない状況が起こったときに、乳児を一時的または中期的・長期的に預かり、家庭に代わって養育する施設のことである。

　また乳児院は、乳幼児の基本的な養育機能に加えて、被虐待児、障害児などに対応できる専門的養育機能も持っている。そのため、虐待を受けたことにより心に深い傷を持つことにより、より手厚いケアを必要とする乳幼児を対象に少人数での家庭的な環境による小規模グループケア

図表1　乳児院の設置数

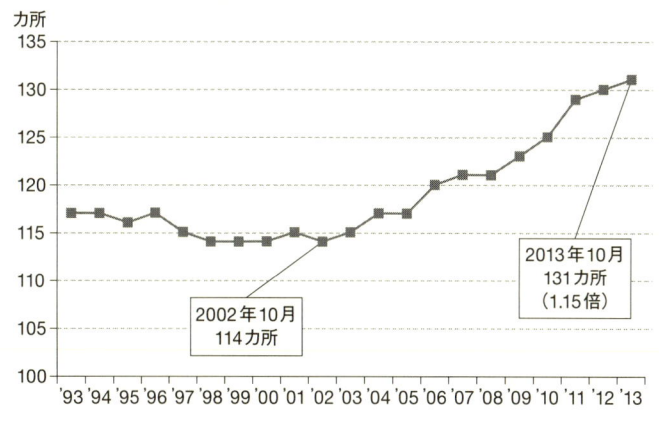

2002年10月
114カ所

2013年10月
131カ所
（1.15倍）

図表2　乳児院の入所児童数

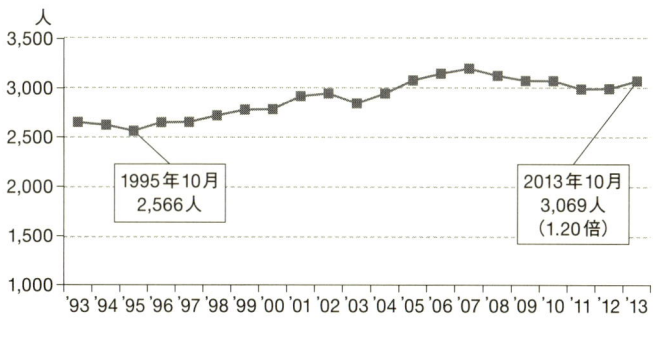

1995年10月
2,566人

2013年10月
3,069人
（1.20倍）

出典（図表1・2）：[厚生労働省、2014]

を行う施設もある。入所に関しては、児童相談所からの依頼によって決定する。

　乳児院は、児童福祉法第48条2の「乳児院……の長は、当該施設の所在する地域の住民に対して、その行う児童の保護に支障がない限りにおいて、児童の養育に関する相談に応じ、及び助言を行うよう努めなければならない」との規定により、地域の育児相談、離乳食指導、沐浴指導などさまざまな子育て相談に応じたり、ショートステイを受け入れるなどの子育て支援の機能も持っている施設である。

　乳児院の数は、2002年10月には114カ所であったが、2013年には131

第11章●乳児院における乳児の保育　145

カ所となり、1.15倍に増えている（**図表1**）。また、乳児院に入所している児童数は増加傾向にあり、1995年10月には2566人であったが、2013年には3069人と1.20倍に増えている（**図表2**）。

2．乳児院に入所している児童について

　以前は、乳児院の入所年齢は0歳から2歳未満であったが、2004年の児童福祉法の一部改正により、乳児院および児童養護施設の入所児童に関する年齢要件の見直しが行われ、「保健上、安定した生活環境の確保その他の理由による特に必要のある場合」には、小学校就学前の児童の入所が可能となった。「特に必要のある場合」とは、児童に疾病や障害があり、引き続き乳児院で処遇することが適当であると判断される場合や、保護者の家庭環境が整備され、まもなく家庭に引き取られることが明らかな場合や、きょうだいで別々の施設に措置することが児童の福祉に反する場合などである。

　乳児院の在所期間は、約半数が6カ月未満と短期であるが、3歳以上の児童のほとんどは、重い障害のある児童やきょうだいが同じ施設にいる児童など、保育看護の環境が必要な児童たちである。

3．乳児院への入所理由

　高度経済成長期以前は、戦災や引き揚げなどによる孤児、棄児、親の貧困や病気によって生活できない等の理由による入所が多かったが、高度経済成長期以降は、大きな社会変化により、入所理由が多様化している。

　乳児院の入所理由を見ると（**図表3**）、「父母の精神障害」(19.1%)、「父母の虐待」(16.9%)、「父母の入院」(10.7%)、「父母の放任怠惰」(10.7%)などが多い。ほかには、「父母の養育拒否」「父母の拘禁」などが上位を占める。一般的に虐待とされる「放任怠惰」「虐待」「棄児」「養育拒否」を合計すると、36.4%と3人に1人が虐待を経験していることとなり、虐待が多くの割合を占めている。また、その割合も上昇している。

図表3　措置理由別児童数

区　分	里親 児童数	里親 割合	乳児院 児童数	乳児院 割合	児童養護施設 児童数	児童養護施設 割合
父母の死亡	135	9.4%	15	0.7%	99	1.9%
父母の行方不明	93	6.5%	48	2.1%	57	1.1%
父母の離婚	26	1.8%	38	1.7%	113	2.2%
父母の不和	12	0.8%	41	1.8%	58	1.1%
父母の拘禁	59	4.1%	102	4.5%	244	4.7%
父母の入院	115	8.0%	243	10.7%	310	6.0%
父母の就労	21	1.5%	74	3.2%	163	3.2%
父母の精神障害	111	7.7%	436	19.1%	469	9.1%
父母の放任怠惰	122	8.5%	244	10.7%	672	13.0%
父母の虐待	234	16.3%	386	16.9%	1,796	34.7%
棄　児	10	0.7%	27	1.2%	13	0.3%
父母の養育拒否	210	14.6%	173	7.6%	216	4.2%
破産等経済的理由	62	4.3%	99	4.3%	201	3.9%
児童の監護困難	50	3.5%	—	—	323	6.3%
その他	180	12.5%	354	15.5%	434	8.4%
合　計	1,440	100.0%	2,280	100.0%	5,168	100.0%

出典：[厚生労働省、2014]

　乳児院に入所している児童は、入所した時から病児・虚弱、障害がある、被虐を受けたことがある等の心身に問題を抱えている場合が多い。発達上困難を抱える児童は、年齢的に診断名が付いていない場合でも「育てにくさ」という養育上の課題を持っており、手厚い関わりが必要である。

第2節　乳児院の役割と機能

1．乳児院の養護

　乳児院で育つ乳幼児は、それぞれに複雑な理由で入所しているため、入所前の生活が、乳幼児が育つうえで必ずしも望ましい環境であったとは限らない。けれども、全ての子どもは、適切な養育環境で、自分自身を安心して委ねられる養育者によって、一人ひとりの個々の状況を考慮されつつ、養育されるべきである。そのため乳児院における養育は、乳

幼児が自分の存在について「生まれてきてよかった」と意識的・無意識的に思い、自信を持てるようになることが基本である。

　それには、乳幼児が安心して自分を委ねられる大人の存在が必要となる。乳幼児が養育者と時と場所を共有し、共感し、応答性のある環境の中で、生理的・心理的・社会的な要求が充足されることが養育者に求められる。そのため養育者は、個々の乳幼児の状態や家庭的背景を知ったうえで、乳幼児を温かく受け入れ、適切な養育を行い、乳幼児が養育者に対して安心と信頼を抱ける存在になっていくことが大切である。またこの時期は、家庭で受けた虐待などによる乳幼児の心身の傷を癒やし、発育・発達を改善していく回復の可能性が高い時期である。したがって、乳児院における養護は、乳幼児一人ひとりの状況に応じた適切な手厚い支援も大切である。

　乳幼児を直接養育するのは、看護師・保育士・児童指導員などであるが、心理担当職員・栄養士・調理師・医師（嘱託医）・家庭支援専門相談員などの専門的な知識と技術を持った職員も、乳幼児一人ひとりに合った養育を意識的・計画的に行い、乳幼児を見守り育てている。

2．乳児院での養育の基本

　乳児院の養育は、言葉で意思表示ができず一人では生活できない乳幼児の生命と生活を守り、またその発達を保障するものでなければならない。乳児院の養護の内容は、児童福祉施設の設備及び運営に関する基準第23条に定められている。そこには、「乳児院における養育は、乳幼児の心身及び社会性の健全な発達を促進し、その人格の形成に資することとなるものでなければならない」と規定されている。

　また、養育の内容としては、同条第2項に「乳幼児の年齢及び発達の段階に応じて必要な授乳、食事、排泄、沐浴、入浴、外気浴、睡眠、遊び及び運動のほか……」と、乳幼児の命を守るために毎日行うべきことが定められている。

養育者は、乳幼児がまだ上手に表現できない「おしっこが出た」「おなかがすいた」「眠い」などの日常的な生活のことから、「おうちに帰りたい」「パパやママといっしょに生活したい」などの乳幼児と保護者との関係の再構築まで、乳幼児の思いを十分に理解し、的確な応答性のある対応をする必要がある。また、障害がある、あるいは虐待を受けたことがあるなどの特別な配慮が必要な乳幼児に対しては、個々の状態に応じて丁寧に育ちを進めていく「個別化」を行うようにする。さらに、健康状態の把握や健康診断および必要に応じて感染症予防などを行い、乳幼児の命を守り育むことが求められる。

3．乳児院の保育の特徴

保育士が乳幼児を養育するには、保育に関連した生理的特性や病気、看護についての十分な理解が不可欠である。また、看護師にも保育への理解が求められる。この乳児院の養育を表す言葉として「保育看護」がある。

近年、入所が増加傾向にある病児・虚弱児や障害のある子どもについては、日常的な全身状態のチェックなどの医療的な関わりや看護的な関わり、療育的な関わりなど、一人ひとりの特性に応じた関わりが必要である。そのため乳児院の養育では、乳幼児の健康と安全への最大限の留意が必要である。

第3節　入児院の生活

1．乳児院の一日の生活

乳児期には、一日の大切な生活のリズムである食事や排泄、睡眠のリズムが一定していない。また、一人ひとりの発達の個人差が大きいため、

一人ひとりの乳幼児の発達や状況に応じた日課が必要である。そのためA乳児院では、0歳児の乳児と1～2歳児の乳幼児に分けてデイリープログラムを組んで養育を行っている（図表4）。

　0歳児の一日の生活は、朝の8時に目覚め、9時頃から離乳食と保育が始まる。10時半から午後1時半頃まで、また睡眠に入る。その後、離乳食をとり、部屋でゆったりと過ごす。午後5時にまた離乳食があり、入浴して午後7時には就寝している。

　1歳・2歳児の一日の生活は、朝7時に目覚め、朝食を食べる。その後遊びの時間となり、9時から12時前までおやつと保育、昼食の時間となっている。昼食を食べ終わった12時前から午後2時まで午睡となっている。午睡から目覚めた後は、おやつ、保育、入浴と夕食の時間であり、就寝は午後8時過ぎとなっている。

　このように、0歳児と1・2歳児の基本的な生活は同じであるが、発達に応じて細かくデイリープログラムを組んでいることが分かる。特に、0歳児と1・2歳児の大きな生活の違いとして、1日の睡眠時間がある。0歳児の睡眠時間は、午睡を含めると15時間の設定となっているが、1・2歳児の睡眠時間は、午睡を含めて13時間であり、0歳児と比べると少

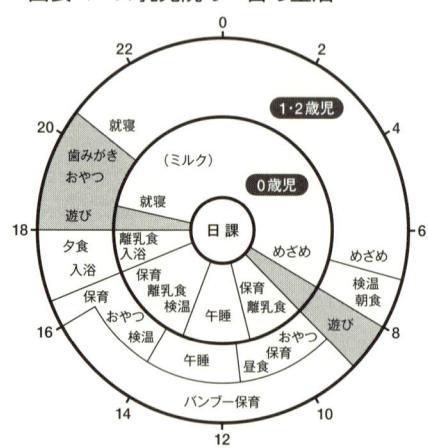

図表4　A乳児院の一日の生活

図表5　A 乳児院の生活空間

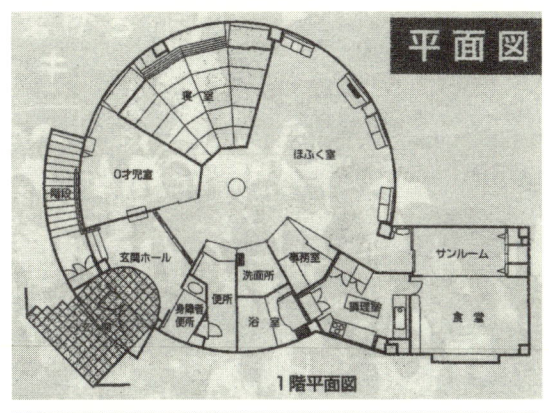

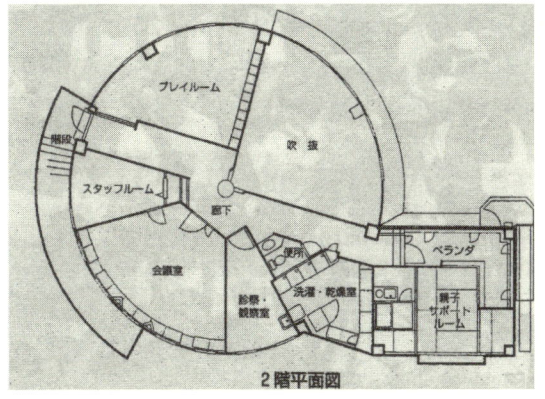

し短い設定である。また、0歳児は主に離乳食をとっているが、食物を摂取できるようになる1・2歳児は、離乳食ではなく朝食・昼食・夕食・おやつの時間となっている。0歳児は一度にたくさんの栄養を摂取することができないため、就寝中にもミルクの時間が設定されている。

　また、0歳児は睡眠が一定しておらず、夜泣きなどがあるため、0歳児室と寝室に分けることにより、それぞれの子どもが安定して生活を送れるるように工夫をしている。遊ぶ場所も、1階にほふく室、2階にプレイルームがあり、発達に応じて遊ぶ場所を2カ所に分けている。0歳児はほふく室で遊び、歩けるようになり動きが出てきた子どもはプレ

イルームで遊ぶことにより、0歳児もそれ以外の子どもたちも安心して、発達に応じた遊びができるように工夫がされている（**図表5**）。

　A乳児院では、併設している児童養護施設内にある園内保育室としてバンブー保育を9時から16時まで開設している。バンブー保育とは、併設している児童養護施設の2～3歳児と、乳児院の年長児（1～2歳）の合同保育のことで、同じ場所でいっしょに保育をしている。これにより、乳児院から児童養護施設へ措置変更となった場合でも、乳児院の保育士が保育を行うことにより、一貫した人間関係の継続や安心感・信頼感の構築ができる。

　A乳児院を例に見てきたが、A乳児院に限らず乳児院では、乳幼児の発達だけでなく、衣食住に対しても個々に応じた取り組みを行っている。離乳食では、一人ひとりの発育に応じて離乳食を開始し、いろいろな食べ物に慣れることができるように工夫をしている。また食事に関しても、一人ひとりの発育の状況や体調によって調理を工夫したり、乳幼児が自分で食べようとする意欲が出るように、食事をゆっくりと楽しい雰囲気で食べることができるような環境づくりもしている。

2．乳児院の課題とその対策

（1）乳幼児への全面的な発達の支援

　乳児院は、土日、祝祭日、年末年始といった曜日や時間、時期にかかわらず、24時間365日体制で、乳幼児の安心で安全な生活を提供している。そのため、職員は交代制によって乳幼児を養育している。

　しかし、乳幼児期の集団での養育や養育者の交代制による養育は、発達が著しい乳幼児期においては、心の発達へのマイナスの影響が大きい。そのため乳児院では、特別な配慮が必要な場合を除いて、乳幼児と養育者は、担当養育制によって人と人との情緒的なきずなである愛着関係を築くとともに、養育者は乳幼児の非言語的コミュニケーションによる情緒性、社会性や言語などの発達を支援していくことが必要である。この

ように担当養育者が乳幼児に対して家族のように寄り添い、温かく見守ることにより、健康な心と身体を育んでいく。

またそのためには、乳児院に入所している乳幼児に対して、家庭で生活しているような「あたりまえの生活」が必要である。家庭のような特定の養育者との情緒的なきずなを形成し、落ち着いた生活環境によるあたりまえの生活を送ることにより、乳幼児は情緒が安定し、成長・発達が促されていく。それには、地域から切り離された状況や、生活の場が大規模の施設では「あたりまえの生活」を送ることは難しいため、できるだけ家庭的な環境で乳幼児を養育する小規模な「家庭的養護」を行っていくことも必要である。

(2) 保護者への支援

乳児院では、両親ともに死亡または不明の乳幼児は、全体の4.1％と少なく、父母がいる乳幼児が48.2％と多い。そのためか、退所後に家庭復帰する乳幼児が55％と約半数である。乳児院の在所期間は、いちばん多いのが1年未満の50.0％であり、次が1年以上2年未満の13.5％である。そのため、短期間の入所の場合は、家庭機能を補完する保護者への子育て支援が乳児院の重要な役割となっている。

2年以上5年未満という長期間入所している乳幼児は22.5％である。しかし、その保護者の多くが子育てへの不安や負担感を持ち、子育ての知識や技術を持っていない。第二次世界大戦直後の最低限の衣食住を補う単純養護から、現在ではさまざまな問題が複合的に絡むケースが多くなっている。特に近年は、ネグレクトや虐待による被虐待児や、病虚弱児、なんらかの障害がある乳児の入所が多く、父母の精神障害や借金などの生活上の困難などを理由として入所しているケースも多い。その場合には、乳幼児の養育だけでなく、保護者への支援が必要であり、乳幼児の入所中のみならず、退所後のアフターケアを含む親子の再統合への支援も重要である。

具体的には、家庭支援専門相談員や乳幼児の担当養育者と保護者とのパートナーシップを確立することにより、保護者の不安や悩みを受け入れ、子育てへの技術を身につける支援を含めた家族の再統合を進めていくことである。先ほどのＡ乳児院では、親子サポートルームを設けている。これは、子育てや離乳食、沐浴など、さまざまな保護者の相談に応じるとともに、親子での宿泊も受け入れることにより、親子の再統合を図っている。乳児院で養育者が乳幼児を大切にしている姿や、健やかに育っている自分の子どもの姿に触れることにより、保護者の心の中に子どもに対する愛情が生まれるように支えていくことも大切である。

【引用・参考文献】
　阿部和子編『演習・乳児保育の基本』萌文書林、2007年
　厚生労働省雇用均等・児童家庭局長通知「乳児院運営指針」2012年
　松本園子編著『乳児の生活と保育』ななみ書房、2011年
　厚生労働所HP「社会的養護の現状について」2014年3月
　http://www.mhlw.go.jp/stf/seisakunitsuite/bunya/kodomo/kodomo_kosodate/syakaiteki_yougo/（検索日：2015年2月20日）
　厚生労働所HP「社会的養護の課題と将来像」2011年7月
　http://www.mhlw.go.jp/stf/shingi/2r9852000001j8sw.html（検索日2015年2月20日）

第12章
保護者の抱える問題

中野由美子

第1節 失われつつある親が育つ環境

「最初の学校は家庭」「最初の教師は親である」と言われるように、生まれて最初に出会う環境は家庭、最初に出会う人は親である。未熟なまま生まれてくる状態を生理的早産というが、生物としてのヒトは、親の保護なくして生存できない。親が保護者と言われるゆえんである。

子どもが育つ環境と同様、親が親として育つ環境が急激に失われつつあり、保護者である親の養育力に大きな変化が起きている。親準備体験が困難な時代に育った乳児の親たちが、いま、わが子の養育に直面している。

1．子育て環境の変化と親の保育体験

核家族化や少子化によって、近所や家庭内で乳児を見た、接触した、世話したなどの保育体験が激減している。次世代が親になる以前に親準備性を身につける環境が乏しくなってほぼ30年になる。

原田正文は、乳幼児を持つ母親の接触体験・育児体験に関して、23年間（1880年と2003年）で比較している。その結果を見ると、親の育ちの時代的変化がよく分かる（図表1）。「子どもとの接触体験がなかった」母親は、2時点で15％→27％へと12％増え、「よくあった」母親は42％→32％へと10％減っていた。子どもの世話に関する「育児体験がなかった」母親は41％→55％へと14％増加し、「よくあった」母親は22％→18％へと減少していた。親準備学習の機会は失われつつあり、半数以上の母親にとっては自分の育児が初体験になる。

親準備性を身につけている親は、子どもの要求を理解して適切な対応ができるので、親の戸惑いや不安は軽減され、子どもの発達に良い影響を与えるとされる。しかし、親準備性が乏しいまま親役割を果たす現代

図表 1　親になる前の乳幼児との保育経験

(1) 自分の子どもが生まれるまでに、他の子どもを抱いたり遊ばせたりした経験

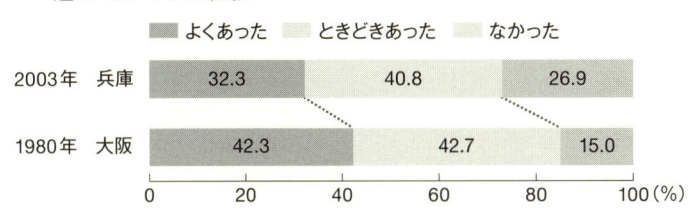

	よくあった	ときどきあった	なかった
2003年 兵庫	32.3	40.8	26.9
1980年 大阪	42.3	42.7	15.0

(2) 自分の子どもが生まれるまでに、他の子どもに食べさせたりおむつを替えたりした経験

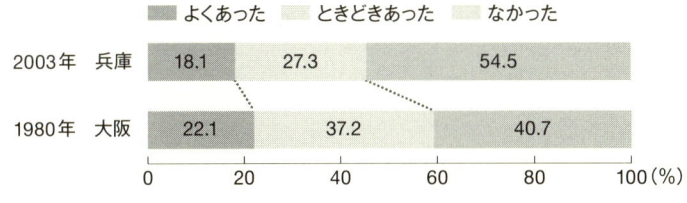

	よくあった	ときどきあった	なかった
2003年 兵庫	18.1	27.3	54.5
1980年 大阪	22.1	37.2	40.7

(注) 大阪府・兵庫県の4か月・10か月・1歳6か月・3歳児健診時の親7925人を対象とした調査結果。

出典：[原田、2006] p.142

の親たちは、乳児が発する言葉以外のさまざまなサインの理解に戸惑い、適切な対処ができない不安から育児に自信が持てず、イライラや負担感を募らせている。

　育児体験不足は、育児情報に頼る母親を増加させる。育児情報依存は、現実のわが子と情報が与える理想の子どもとのギャップとなり、かえって母親を戸惑わせて自信を失わせ、不安やストレスを増加させる。

　親準備性に乏しい親は、自分は親に向いていないと感じ、子どもと向き合うことに苦手意識を持ちやすい。その結果、子育てを楽しめずに子どもから離れたいと思う親も増え、親の都合や欲求を優先させて子どもを従わせようとする不適切な養育につながるなど、新しいタイプの親が出現している。

2．親の保育経験と育児

　児童福祉法では「満1歳に満たない者」を乳児としているが、保育所保育指針では、保育設備や保育士数などから、3歳未満児を乳児と呼ぶことが一般的である。本章でも0歳〜2歳児を乳児として扱う。

(1) 世話と生活習慣のしつけ

　生活習慣のしつけに留意している母親の子どもは発達が良く、母親自身も育児不安が少なく、親子関係も安定している。また、保育所育ちの子どものほうが、生活習慣の自立が早いといわれる。

　保育所の乳児保育では、月齢、個性や気質に合わせた健康と安全な養育環境の管理、授乳や食事、睡眠に対する保護や世話、抱き方や遊ばせ方などについてきめ細かい注意事項があり、家庭との連携が求められている。保育所での生活習慣の自立は、手や指を使い意欲的に探索し、模倣やごっこ遊びを好む2歳児から始める。保育士の仲立ちや援助を得て、うがいや手洗い、排尿、一人で衣服を脱ぐなどの生活習慣に取り組む意欲を育てることから始まる。

　乳児の75％は家庭保育である。適切な保護・世話などにより生理的欲求を満たすことは親役割の基本であるが、子どもの世話に関する保育体験は半数以上の親が未経験であり、生理的生活習慣（食事・排泄・睡眠）のしつけへの不安は大きい。家庭保育の親は保育所のように、生活習慣のしつけを2歳からの課題と捉えているだろうか。テレビを見せながら親が食べさせ、子どもを追いかけて着せ替え、睡眠や覚醒リズムが規則的でない乳児が多く、排泄のしつけは大幅に遅くなっている。

(2) 関わりとコミュニケーション

　身体や手足を使った感覚遊びを楽しみ、天気の良い日に外遊びに連れ出して近所の親子との関わりを楽しめる親は、子どもの発達に良い影響

を与える。目を合わせてよく話しかける親の子は、情緒の安定や言葉の発達など多くの領域での発達が早いといわれる。保育体験の少ない親は、子どもの非言語的な情報や反応への感受性が乏しい傾向にあり、言葉での一方的な関わりに偏りやすい。

　家庭保育の優れた点は、乳児の月齢や個性に合わせて、一対一のコミュニケーションを楽しむ余裕があることである。乳児期は、言葉が主たるコミュニケーションになる以前の「前言語期」ともいわれる。この時期の親子の関わりやコミュニケーションは、言葉よりも身体接触や五感を介して行われ、親子の心のきずなが出来上がっていく。言葉が主な伝達手段になる以前の関わりは、抱っこや目交い、視線や表情による情緒的な交流、喃語やジェスチュア、指さしなどの非言語的コミュニケーションが中心になる。そのやり取りの要点は、感覚的関わりを基本に、表情のある声で、乳児の反応を見ながら、間をおいて応答的に反応することである。

(3) 孤立しない子育て

　乳児を抱えた親は外出が制限されることが多いが、特に他人とのつきあいが苦手な親準備性が乏しい母親は、孤立した母子カプセル状態での育児に陥りやすい。乳児を持つ親に「最も手助けが欲しかった時期」を尋ねると、出産後1カ月くらいと1歳前後〜2歳前後の2つの時期に集中する。前者は生命を託された責任感に戸惑う時期であり、後者は乳児の自力歩行に伴う事故への気配りや第一反抗期を迎えて自己主張を始めた子どもに、親のイライラが募る時期である。

　子育ては母親一人では困難である。最大の支援者は父親や母親の実家であるが、乳児の母親にとって最大の味方は、近所の子育て仲間、育児経験を共有するママ友である。ママ友との交流は、親の子育て不安を軽減し、友達ができることで子どもの発達にも良い影響を与える。地域の子育て支援施設などでの親子の出会いも、親の養育力を養う効果がある。

3. 育児不安と不適切な養育

　育児体験が乏しい親は、不安やイライラから育児ストレスに陥りやすいといわれる。そのストレスが、子どもへの一方的な押しつけ、拒否や無視などの支配的養育態度を生み、不適切な養育につながる悪循環を生む。こうした傾向は、気質の激しさや発達上の問題などの子どもの要因や、孤立した家庭や家族の不和などの環境要因によって強められる。

　乳幼児の虐待は、育児不安の原因と共通点がある。育児不安の原因の一つが保育体験の欠如であるとすれば、幼児虐待はそれに加えて、望まない妊娠や貧困、家族関係の不和、世代間連鎖などのストレスが重複した家庭で発生する。

　2013年度中に児童相談所が対応した児童虐待相談の対応件数を見ると、「0～3歳未満」は1万3917件（18.9％）、「3歳～学齢前」は1万7476件（23.7％）、「小学生」は2万6049件（35.3％）である［厚生労働省、2014 (a)］。虐待によって死亡した子どもの年齢では、0歳児が22人（43.1％）と最も多く、0～2歳を合わせると32人（62.7％）であり、その加害者の70％が実母であるという［厚生労働省、2014 (b)］。

第2節　仕事志向と親役割の葛藤

1. 仕事志向と親役割の葛藤

　現代の母親たちは、自己実現と親役割の葛藤の中にいると言えよう。乳幼児の母親世代は、多くが就職し働いていた経験を持つ。自分の時間とお金を自由に使い、外出を楽しみ、自己実現を求めて社会生活をした世代である。女性労働力の活用が促される社会の動きに呼応して、母親たちは子育てだけではない自分の人生を描くようになっている。

図表2　子どもの出生年別、第1子出産前後の妻の就業経歴

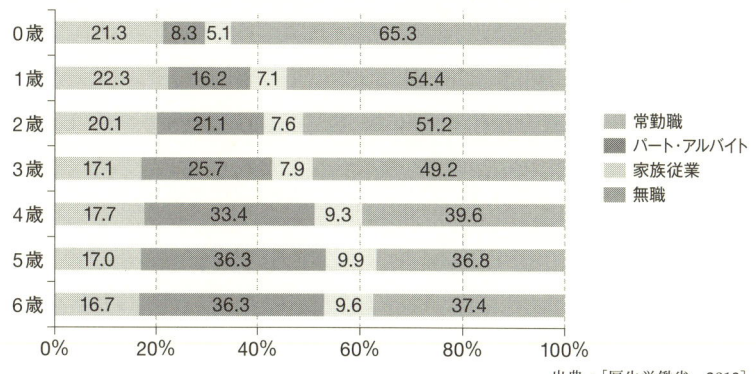

年齢	常勤職	パート・アルバイト	家族従業	無職
0歳	21.3	8.3	5.1	65.3
1歳	22.3	16.2	7.1	54.4
2歳	20.1	21.1	7.6	51.2
3歳	17.1	25.7	7.9	49.2
4歳	17.7	33.4	9.3	39.6
5歳	17.0	36.3	9.9	36.8
6歳	16.7	36.3	9.6	37.4

出典：[厚生労働省、2013]

　乳児の母親の就労割合は、常勤職は約20％で、多くはパート・アルバイトであるが、0歳児の35％、1歳児の46％、2歳児の49％、3歳児の51％、4歳児を超えると60％を超えている（図表2）。10年前と比べると、乳児の母親の就労率は約15％上昇しており、待機児の8割が3歳未満児といわれるように、子どもの年齢が低くても就労する母親が増加している［厚生労働省、2013］。

　その一方で、第1子出産後に母親の60％が離職し、育児に専念する。その退職理由は、「育児に専念したかった」「支援制度が不十分で両立が困難だった」「体調不良」などである。「三つ子の魂百まで」「三歳児神話」など、3歳までの家庭での母親による子育てが、その後の発達や生涯に与える影響の大きさが強調される。保育士の場合でも、経済的に可能ならばわが子は自分で育てたい、乳児期のわが子の育ちを自分の目で確認しておきたい、わが子を育てた経験は再就職に役立つはずなど、乳児は家庭で育てたいと思って働いている人も多い。

　子どもの欲求や思いを読み取り、手探りで対応する新米の母親にとって、物言わぬ乳児との生活、四六時中拘束される子育ての時間は楽しいことばかりではなく、ストレスも生む。母親のストレス解放は、気晴らしに外出すること、親子連れで子育て当事者（ママ友）との時間を楽し

第12章●保護者の抱える問題

むことである。ママ友とのつながりは、親子での外出機会を増やし、母親のストレス解放と、孤立した家庭の子育てに風穴を開けてくれる。ベビーカーでの子連れの外出は、社会的批判や歩道の不ぐあいなどの問題も多いが、他者からの子育て評価に敏感である母親たちも、当事者どうしのつながりの中で安心できる仲間関係を築いていけるようである。

2．親子の生活リズムのズレ

　乳児と親の生活ペースは全く違う。乳児の生活リズムに合わせる親の生活は、努力や我慢を強いられることも多い。母親の子育て意識に関する調査では、子どもへの対応やしつけの仕方が未熟であると感じている母親も多く、毎日の母子だけの生活はつらいので、気晴らしや友達づくりに外出したい、子どもを預ける機会が欲しいという願望を持ち、親の生活やペースを優先してしまうことを挙げている。母親のライフスタイルは多様化しており、母親が自分の時間を求める欲求は強まり、早く育て終えて自分の自由時間が欲しい、子どもを預けたい、専門家に預け

図表3　親の意識変化と親子の生活リズムのズレ

- ・第1子出産後の母親は60％が離職、0～2歳児の75％が在宅保育
- ・子育て拠点・ひろばへの参加者は、0～2歳児の親子が中心
- ・子ども1人の親や育休中の親など、初めての子育ては不安

- ● 親の外出欲求と公共の場での配慮
  親子だけで家庭にいるとつらい、外出・公共の場での配慮は必要
  母親の気晴らしと子どもの友達探しに外出したい
- ● 他者評価に敏感（他人の目が気になる）
- ● 精神的な安定剤はママ友（子育て当事者）とのつながり

- ●親の生活・ペースの優先
- ●親の時間がほしい

→

- ●子ども預けたい願望
- ●専門家に頼りたい

拡大する親子の生活リズムのズレ
⇓
子どもの発達の混乱

（筆者作成）

てよりよく育ててほしいと希望する母親も増えている(**図表3**)。しかし、親の早期成熟願望や子ども預け願望が行き過ぎると、子どもが育つリズムを無視した親のペース優先の生活につながり、子どもの発達に混乱が起きやすい。

　日本小児保健協会が1980年から10年ごとに実施している乳幼児の親への調査を見ると、親の子育て意識や願望によって1～2歳児の生活習慣が遅れたり早められたりしていることが分かる。

　遅くなった生活習慣の一つは、乳児の睡眠時刻である。親の夜型生活リズムを反映して、夜10時以降に就寝する割合を1990→2000→2010年の10年ごとに比較すると、1歳6カ月児で38％→55％→30％、2歳児で41％→59％→35％と、2000年までは急激に遅くなった。小児科医会の警告などにより、その後はやや改善されている。

　もう一つは、排泄のしつけである。紙おむつの普及とともに、この20年で1歳代の排泄のしつけ開始時期は1年近くも遅くなり、2歳児後半で約半数が開始しているが、排尿の自立は3～4歳、排便の自立は5～6歳である。

　早まった生活習慣の一つは、メディアとの接触である。年齢に関わりなく「忙しいのでよくテレビを見せている」家庭が44％、90％以上の親がテレビに子守りをさせており、一日に2～3時間視聴する1歳児が約26％、2～3歳児が30％を超えている。小児科医会は、2歳までの子どもと発達に心配がある子どもの早期からの長時間視聴は、親子の直接的な接触を奪い、言葉や心の発達を妨げるので控えること、一日2時間以内にとどめることを提言している。

　もう一つは、習い事、早期教育である。習い事志向は早期化し、1歳児の6％が習い事をしており、水泳、音楽、英会話などをやらせたい母親が74％もいる。31％の2歳児が習い事をしており、水泳36％、音楽25％、体操20％、英会話18％とその内容も多様化している［日本小児保健協会、2011］。

3. 失われつつある子育て時間

　こうした母親たちの子育て観の変化は、子育て支援の広がりとともに早期からの保育所入所希望となり、この10年間に1～2歳児の入所が顕著に増加しており、0歳児の10.2％、1歳児の29.6％、2歳児の36.5％が保育所に通っている（**図表4**）。保育時間は原則8時間であるが、一般的には11時間であり、その前後2時間前後の延長保育を実施する園も多い。低年齢からの長時間の施設保育の一般化によって、親の子育て負担は軽減されるが、同時に親の養育力や親子関係を深める機会が減少し、親として育つための時間と環境は失われていく。

　親の関わる時間が長いほど、乳児の発達に良い影響があるといわれるが、親が関わる時間の減少は、年齢に応じて発達に必要な世話や関わりを親から受ける子どもの権利と、親が行う家庭教育の機会を喪失させることにもつながる。子育ては乳幼児期で終わるのではない。思春期・青年期までの長い親子関係の積み重ねを経て、子どもは一人前に育ち、やがて次世代の親となっていく。乳幼児期の子育ては、子どもの生涯発達や将来の親子関係、次世代の親準備性をも視野に入れて長期的に考えなければならない。

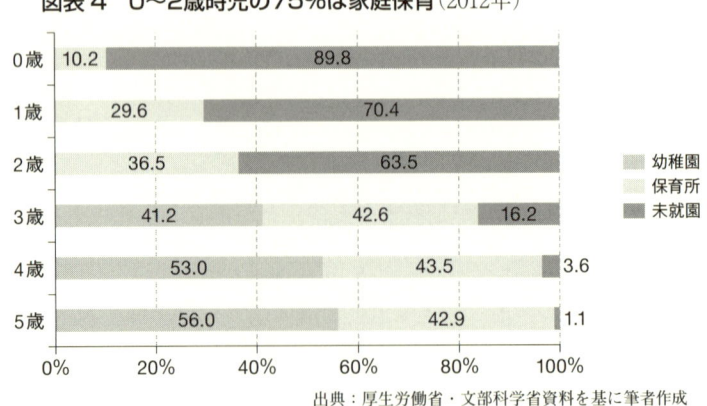

図表4　0～2歳時児の75％は家庭保育（2012年）

年齢	幼稚園	保育所	未就園
0歳		10.2	89.8
1歳		29.6	70.4
2歳		36.5	63.5
3歳	41.2	42.6	16.2
4歳	53.0	43.5	3.6
5歳	56.0	42.9	1.1

出典：厚生労働省・文部科学省資料を基に筆者作成

第3節 親が育つ子育て支援の必要性

　現在では多様な子育て支援が広がりつつある（図表5）。働く親は保育所やこども園、地域の小規模保育所などを、家庭保育を希望する親は地域子育て拠点やひろば、あるいは育児サークルや子育てグループを利用することができる。さらに、子どもの発達や養育上の問題を抱える親は、保健センターや相談機関などの専門的支援を受けることができる。

1．保育施設による親の養育力向上支援

　保育所・幼稚園・こども園などの保育施設は、入園児のみならず地域の子育て支援センターとして位置づけられている。特に保育所は、乳児のための施設や園庭、遊具を備え、未就園児保育や一時保育なども実施している。保育の専門家が常駐し、専門的知識と技術を持って保育相談や情報提供に対応することによって、親の養育力向上に努めている。

図表5　多様な子育て支援の広がり

共感的支援	専門的・治療的支援
子育て拠点・ひろば 交流・情報・相談助言 フリースペース	保健・療育センター 児童相談所・病院 専門相談・治療
子育てグループ 子育てネットワーク 親参加・参画	保育所・こども園 幼稚園 保育相談・施設開放 一時保育・未就園児保育
当事者グループ支援	保育施設支援

中央：子育て家庭（0～2歳の親子）／地域型保育事業　小規模保育所　家庭的保育　居宅訪問型保育

（筆者作成）

2．ひろば・子育て支援拠点事業による親子支援

「子育てひろば」や「育児グループ」は、子育て当事者である親たちが仲間を募って草の根活動として組織した当事者グループ活動が多い。働く母親よりも育児負担が大きいといわれる家庭保育の親たちが、気軽に集って交流を広げ、不安や悩みを相談し合い、子育て講座や情報提供を受ける場として発足し、地域の親子が自主的に参加する生涯学習の場として機能している。2002年に実施された「つどいの広場事業」は2009年以降は「地域子育て支援拠点事業」として法制化され、地域単位で整備されている。おおぜいの子どもの育つ姿と親の関わり方を互いに観察し合う場は、親の体験的学びの場、相互学習の場でもある。保育体験の未熟な親や保育に不安を持つ親たちの養育力向上は、子育て仲間との交流や支援者への相談を通して行われている。

3．体験的学びによる養育力向上支援の必要性

子どもを預かることによって親の育児負担を軽減することだけが子育て支援なのではない。現代の親に最も必要な支援は、親準備性が乏しい環境の中で獲得し損ねた親の養育力を補充し、適切に対応できる能力を身につける機会をつくることである。親が、子どもの年齢にふさわしい子育ての知識や技術を身につけ、その役割に自信を持って取り組み、子育てを楽しめる支援が必要である。そのためには、専門家からの支援だけではなく、子育て当事者の親どうしや先輩の親との交流による子育て体験学習の機会が欠かせない。

子どもの最善の利益の実現は、親の養育力の向上なくして達成されることはない。これからの子育て支援は、親の肩代わりをすることだけではなく、地域や異世代との交流を通して、若い親たちを子育ての学習者として位置づけ、親の自主性を尊重しながら支援者が親と共に考え、親が自ら育っていけるような支援である。

【引用・参考文献】
　厚生労働省「国民生活基礎調査概要」2013 年
　厚生労働省「平成 25 年度福祉行政報告例の概況」2014 年 (a)
　厚生労働省「子ども虐待による死亡事例等の検証結果等について（第 10 次報告）」2014 年 (b)
　中野由美子「乳幼児との接触体験が子育てに与える影響」『家庭教育研究所紀要』第 27 号、2005 年、pp.40-49
　中野由美子「つるみの親と応援者への調査」『つるみ子育てフォーラム報告書』2013 年
　日本小児保健協会「幼児健康度に関する継続的比較研究」2011 年
　原田正文『子育ての変貌と次世代育成支援——兵庫レポートにみる子育て現場と子ども虐待予防』名古屋大学出版会、2006 年

第13章 地域子育て支援の役割

赤塚　徳子

第1節 地域子育て支援の現状

　核家族化の進行や地域コミュニティの希薄化により、子育てに不安や負担を感じる家庭が増える中、子どもの育ちや子育てを支えるサポートが求められている。出産前に乳児と関わった経験がなく、世話の仕方や関わり方を学ぶ機会が持てないまま親になる家庭も多く、親が親として成長する場や機会が必要とされている。

　保育所保育指針にも、保護者支援に積極的に取り組むことが明示され、各自治体、保育機関においてさまざまな子育て支援事業が実施されている。保育所に入所している子どもの保護者に対してだけでなく、地域の保護者に対する支援も保育者としての重要な役割である。そこで本章では、子育ての現状や実施されている支援策、そして保育者の役割や子育て支援の課題について学ぶ。

1．子育ての現状と問題点

　乳児期の子育ては、食事（授乳）、排泄（おむつ交換）、睡眠（寝かしつけ）といった育児行動の繰り返しであり、保護者は子どもの生活リズムに合わせ、自分の時間が持てないなど、身体的・精神的にストレスを抱えやすい時期でもある。核家族化の進行や地域コミュニティの希薄化により、親族や地域から子育てのアドバイスや援助を得ることが困難な状況であり、保護者の負担が育児不安や虐待につながることが懸念される。また少子化の影響により、意識的に交流する機会を求めなければ同世代の親子が交流する機会が持てない現状から、育児の孤立も問題視されている。育児の孤立は、保護者の精神的な問題だけでなく、子どもの心身の健やかな育ちの妨げが懸念され、子育ての社会的支援が求められている。

2. 子育て支援策の概要

　2012年8月に制定された「子ども・子育て支援法」は、保護者が子育てについての第一義的責任を有するという基本的認識の下、社会の構成員が相互に協力し、全ての子どもが健やかに成長するように支援することを基本理念としている。第59条において、「市町村は、内閣府令で定めるところにより、第61条第1項に規定する市町村子ども・子育て支援事業計画に従って、地域子ども・子育て支援事業として、次に掲げる事業を行うものとする」とし、「地域子育て支援拠点事業」「一時預かり事業」「病児保育事業」「延長保育事業」など13の事業を掲げ、多様なネットワークの下で、子育て力のある地域社会の構築を目指している。

(1) 地域子育て支援拠点事業（子育て支援センター）

　地域子育て支援拠点事業（子育て支援センター）とは、乳幼児およびその保護者が相互の交流を行う場所を開設し、子育ての孤立感、負担感の解消を図り、全ての家庭を地域で支える取り組みであり、公共施設、空き店舗、公民館、保育所などで実施されている。その基本的事業は、①子育て親子の交流の場の提供、②子育て等に関する相談・援助の実施、③地域の子育て関連情報の提供、④子育ておよび子育て支援に関する講習等である。

　2010年に閣議決定された「子ども・子育てビジョン」においては、目指すべき政策の一つとして「多様なネットワークで子育て力のある地域社会へ」を柱に、2014年度までに1万カ所（中学校区に1カ所）の拠点を開設する目標を掲げた。また2014年には「地域子育て支援拠点事業実施要綱」を定め、事業のさらなる充実が図られている。その従事者は、子育てに関する知識・経験を有する者、児童福祉施設等の職員、育児・保育等について相当の知識・経験を有し、地域の子育て事情や社会資源に精通する者などとし、保育士もその役目を担っている。

子育て支援センターにおける行事や季節感のある活動(写真左:七夕会、右:水遊び)(筆者撮影)

　各地域子育て支援拠点施設（子育て支援センター）では、行事や季節感のある活動を取り入れたり、親子で楽しめる絵本の読み聞かせや手遊びなど、それぞれの施設ごとに活動内容を工夫しながら、利用促進に取り組んでいる。

(2) 一時預かり事業

　「一時預かり事業」とは、家庭において保育を受けることが一時的に困難となった乳幼児を保育所その他の場所において預かり、必要な保護を行う事業である。保護者の事故や病気、保護者の育児疲れなど、保護者の就労の有無にかかわらず、緊急・一時的に保育を必要とする家庭や地域の要求に応じている。事業の9割は保育所において実施されており、地域の子育てを支える重要な役割を担っている。また、待機児童や短時間労働の家庭も利用しており、その需要や保護者の要望は拡大していくことが予想される。

(3) 病児保育事業（病児・病後児保育）

　「病児保育事業」とは、疾病にかかっていて保育を必要とするおおむね10歳未満の子どもを対象に、保育所や診療所等の施設において保育を行う事業である。「病児対応型」は、当面症状の急変は認められないが、病気の回復期に至っていない子どもを対象とし、「病後児対応型」は、

病気の回復期である子どもを対象として、集団保育が困難な期間において一時的な保育を実施している。看護師等の医療関係者と保育士の配置が実施要件となっており、それぞれの専門性を生かし、連携しながら保育に従事している。2012年度の延べ利用児童数は約49万人で、共働き世帯の増加に伴い、ますますニーズが高まると思われる。

その他、生後4カ月までの乳児がいる全ての家庭を訪問して子育て支援に関する情報提供や養育環境の把握、育児に関する不安や悩みの相談等の援助を行う「乳児家庭全戸訪問事業（こんにちは赤ちゃん事業）」、養育支援が特に必要な家庭を訪問し養育に関する相談・指導・助言を行う「養育支援訪問事業」、乳幼児や小学生等の児童を有する子育て中の労働者や主婦などを会員として、送迎や放課後の預かりなどの相互扶助を行う「ファミリー・サポート・センター事業」などが実施されている。

第2節 乳児期に必要な子育て支援

1．親としての学びを支援する

出産前に乳児と関わった経験がなく、世話の仕方や関わり方が分からないまま親になり、育児への戸惑いを抱えている家庭は少なくない。乳児期は、生涯にわたる人格形成の基礎を培う重要な時期であり、望ましい親子関係が築けるように家庭と社会とが連携して子どもの育ちを支えることが求められている。地域の実状やそれぞれの家庭の状況に応じた具体的な助言や、手本となる行動見本を示すなど、親の育児力を高めるための支援が必要である。

また、育児不安によってわが子への愛着が形成されなかったり、虐待を引き起こしている家庭に対しては、子育ての楽しさを伝えることも保

育者の役割である。そのため保育者は、保護者の喜びや苦しみ、大変さに共感し、保護者の状況や気持ちを尊重しながら、子どもの育ちを支えるパートナーとして連携を深めていくこと、また保護者が子育ての第一義的責任者であることをベースに、親が親として育つ援助をすることが大切である。

２．地域とのつながりをサポートする

　地域の育児仲間との交流は、同じような悩みを抱えている親どうしが共感できたり、情報交換やアドバイスを受け合うことにより、育児不安や育児ストレスの軽減、気分転換などの効果が期待できる。しかし、単に親子が集う場や機会を提供しても、全ての保護者が地域コミュニティと良好な関係性を形成できるとは限らず、親どうし、子どもどうしの関係がうまくいかない状況においては、孤立感を高めたり、わが子と他児とを比較して自信喪失や育児不安を助長することも懸念される。社会とのつながりは、子育てにおいて重要な役割を果たすが、その反面、マイナスの要素も内在していることにも留意したい。

　公園は子育てにおいて重要なコミュニティの場の一つであり、1990年代中頃には「公園デビュー」という言葉が出現した。「公園デビュー」について「厚生白書」（1998年版）では、「幸いに子育て仲間に受け入れられ、無事公園デビューを果たすことができれば、母親は子育てストレスの解消ができ、子どもは遊び相手が得られることになるが、異質なものは排除されることとなり、母親は追いつめられることになる」という見解が示されたように、マスコミの影響もあり、ネガティブなイメージとしても使われていた。

　公園に限らず、子育て支援センターや子育てサークルなどの地域コミュニティの場は、家庭と地域をつなぐ重要な役割を果たすが、誰もが抵抗感なく利用できる場であるとは限らないため、円滑なネットワークづくりには、支援者の適度な介入や援助が求められる。特にコミュニケー

ションが苦手であったり、地域コミュニティの場に初めて参加する親子に対しては、不安感や孤独感に配慮すること、また地域とのつながりを深めていくためには、継続して参加できるように援助していくことが必要である。

3．海外の子育て支援

諸外国においても子育て支援に関するさまざまな取り組みが実施されている。親の主体的な子育てを推進し、育児力を高めることに取り組んでいる海外の例を参考にしながら、乳児期に必要な子育て支援とは何か、わが国の子育て支援のあり方を考えるうえでの参考にしたい。

(1) ニュージーランド

ニュージーランドでは、多様性に富んだ保育や子育て支援が実施されている。保育所、幼稚園のほかに、保護者が運営する保育組織であるプレイセンターや、家庭で子どもを預かる家庭的保育、先住民マオリの文化を継承する施設「テ・コハンガレオ」、通信制の幼児教育などがあり、保育の形態にかかわらず政府から補助金が支給される。またニュージーランド政府は、プレイグループ（いわゆる自主的子育てサークル）にも一定の基準を設け、認可したプレイグループに補助金を支給し、保護者の主体的な活動を推奨している。

日本の保育関係者や研究者が注目している保育形態の一つにプレイセンター（Playcentre）がある。これは、0歳から就学前の保育を専門家に委ねるのではなく、保護者自身が運営する保育施設である。1941年に始まり、「家族は子どもたちの最初で最高の教育者である（families as first and most important educators of their children）」を理念として保護者が協働で保育をしている。保護者の学習プログラムがあり、参加する全ての保護者は研修を受けることが義務づけられており、親が親として学ぶ場にもなっている。保護者はそれぞれに役割を持ち、絵本の読み聞かせを

オークランドにあるプレイセンターの活動の様子（写真左）と保護者ミーティング（右）（筆者撮影）

したり、教材を準備したり、安全に遊べるように各遊びのコーナーに分かれて子どもを見守るなど、保護者全員が保育者としての役割を担っている。集団の中でわが子を客観的に見ることができたり、他の保護者からの意見を参考にすることができることで、さまざまな子育ての仕方や各家庭の子育て観を身近に感じ、子育てに対する柔軟さを身につけることができる。また、子どもは多くの人との関わりを通して人間関係の基礎を築くことができるという効果が期待できる。

(2) カナダ

カナダには、0歳から5歳までの乳幼児を持つ親を対象に作られた親支援プログラム「ノーバディズ・パーフェクト（Nobody's Perfect）」がある。「完璧な人間はいない」をテーマに、親としての自分を肯定すること、助け合いながら子育てをすることを推進している。親どうしで子どもの発達や子育てについての情報交換や話し合いをする中で、子育てに自信を持ったり、育児仲間をつくることを目的としたプログラムである。

ファシリテーター（「しやすくする人」の意味）という援助者が進行をサポートするが、ファシリテーターは指導的立場ではなく、親どうしで話をする様子を見守りながら、必要に応じて軌道修正をしたり、参加者がそれぞれの価値観を尊重し合える雰囲気作りをすることが役割である。子育ての参考書として、「PARENTS（親）」「MIND（心）」「BEHAVIOUR

(行動)」「BODY (からだ)」「SAFETY (安全)」をテーマにした5冊が無料で提供されている。

(3) イギリス

イギリス政府は、2003年に「全ての子どもが重要である」(Every Child Matters)、2007年に「全ての親が重要である」という方針を打ち出し、2008年に策定された幼児教育・保育指針では、子どもにとって親や家庭が非常に重要であり、保育者が親と情報を共有し、家庭での学びを促すための情報提供の必要性を挙げている。イギリス政府は、「母親と父親は子どもにとって最初で最も重要な教育者である」との観点から、親の力が発揮されるような取り組みが実施されている。

その一つに、チャイルドセンターの運営がある。チャイルドセンターは、①子どもの発達と学校への準備、②親としての意欲向上と必要な技術の獲得、③子どもと家族の健康と人生の可能性を高めること、を目標とし、産前・産後指導、一時保育、就業支援など、そのサービスは多岐にわたっている。妊娠前後から、乳幼児を持つ全ての家庭が、一貫した家族支援サービスを受けることができる。

第3節 子育て支援の現場における保育者の役割

1. 保育者に求められる専門性

保育所保育指針 (2008年告示) の「第1章 総則」に、「保育所は、入所する子どもを保育するとともに、家庭や地域の様々な社会資源との連携を図りながら、入所する子どもの保護者に対する支援及び地域の子育て家庭に対する支援等を行う役割を担うものである」と明記され、保育所は地域の家庭支援の拠点としての機能が求められている。

保育所や子育て支援センターなどの施設は、地域の保護者が困ったときにいつでも相談ができたり、気分転換ができる「心のよりどころ」「家庭外の居場所」として、親子が安心して過ごせる環境であることが大切である。そのために保育者は、保護者の気持ちに寄り添いながら傾聴するなどのコミュニケーションスキルや、各家庭の状況に応じて適切な援助をするための専門的な知識が求められる。また、子育て支援の現場を地域コミュニティの場として有効に活用するためには、地域と家庭との円滑なネットワークづくりのコーディネーターとしてのスキルも求められる。一方、保護者の多様なニーズに対応するための「一時預かり事業」「病児保育事業」は、緊急一時的な保育であり、短時間で子どもの姿や保護者の様子・状況を的確に捉え、各家庭の状況に応じて支援するという専門的な知識や技術の習得が必要とされる。

　保育者は「子育て支援の担い手」として、地域や家庭の実状に目を向け、常に研究心・向上心を持ってさまざまな研修に積極的に参加し、資質向上に努めることが望まれる。

2．これからの地域子育て支援における課題

　核家族化や少子化が進行している現代の子育てにおいては、身近な相談相手や援助者の不足や、情報氾濫の弊害による育児不安などが懸念される。そのため地域で子育てを支え合うしくみの強化が必要であり、とりわけ家庭内に籠もりがちで子育ての問題が表面化しない要支援家庭の親子に対してのアプローチやサポートが重要課題である。妊娠・出産から就学まで切れ目なく地域の子育てを見守り、各家庭に応じた援助をしていくためには、子育て支援事業の実施に係る各機関が連携して、多面的な支援を実施していくことが求められる。

　また、子育てしやすい社会の実現には、仕事と育児の両立を支えていくことも必要であるが、乳幼児期の親子関係を重要視し、保護者が子育ての責任を果たしたり、子育ての喜びを育むことができるような支援が

求められる。つまり、育児代行の推進ではなく、家庭と社会が共に子育てをするパートナーとしての関係の構築が望ましい。保護者との信頼関係の下、全ての子どもの健やかな育ちを支えることが保育者の課題であり、社会的役割なのである。

【引用・参考文献】
池本美香編著『親が参画する保育をつくる――国際比較調査をふまえて』勁草書房、2014年
子ども家庭リソースセンター編『Nobody's Perfect 活用の手引――カナダからの子育て・親支援プログラム』ドメス出版、2003年
全国保育団体連絡会・保育研究所編『保育白書〔2014年版〕』ちいさいなかま社、2014年

第14章

乳児保育の現状と課題

富山　大士

第1節 保育所保育指針等での乳児保育の扱い

　本節では、2008年改訂の保育所保育指針(以下「指針」と呼ぶ)および国の通知等における乳児保育の扱いについて述べる。指針に関しては、「乳児保育」「3歳未満児」という表現を使用して特に強調して説明されている部分についてのみ扱うことにする。

1．保育の実施上の配慮事項

　保育所保育指針において、「乳児保育」という表現は、「第3章　保育の内容」の2－(2)「乳児保育に関わる配慮事項」においてのみ登場し、以下のように記されている。

> ア　乳児は疾病への抵抗力が弱く、心身の機能の未熟さに伴う疾病の発生が多いことから、一人一人の発育及び発達状態や健康状態についての適切な判断に基づく保健的な対応を行うこと。
> イ　一人一人の子どもの生育歴の違いに留意しつつ、欲求を適切に満たし、特定の保育士が応答的に関わるように努めること。
> ウ　乳児保育に関わる職員間の連携や嘱託医との連携を図り、第5章(健康及び安全)に示された事項を踏まえ、適切に対応すること。栄養士及び看護師等が配置されている場合は、その専門性を生かした対応を図ること。
> エ　保護者との信頼関係を築きながら保育を進めるとともに、保護者からの相談に応じ、保護者への支援に努めていくこと。
> オ　担当の保育士が替わる場合には、子どものそれまでの経験や発達過程に留意し、職員間で協力して対応すること。

　上記は1歳未満児の保育に関する配慮事項である。指針では、第3章の2－(3)「3歳未満児の保育に関わる配慮事項」で「3歳未満児」という表現が使用されており、上記の1歳未満児の保育に関する配慮事項と内容的には近いが、発達面では1歳から3歳未満児のものとなっている。

2. 指導計画の作成上、特に留意すべき事項

指針では「第4章　保育の計画及び評価」の1-(3)「指導計画の作成上、特に留意すべき事項」の「ア　発達過程に応じた保育」において、「3歳未満児」という表現が、以下のように記されている。

> （ア）　3歳未満児については、一人一人の子どもの生育歴、心身の発達、活動の実態等に即して、個別的な計画を作成すること。

3歳未満児は心身の発達がめざましく、個人差が大きいため、一人ひとりの子どもに応じたきめ細かな視点が保育に要求され、個別的な指導計画を作成する必要がある。

3. 3歳未満児に関する個別的な保育記録の作成

指針の「第4章　保育の計画及び評価」1-(2)-イ「指導計画の展開」において、「(エ)保育士等は、子どもの実態や子どもを取り巻く状況の変化などに即して保育の過程を記録するとともに、これらを踏まえ、指導計画に基づく保育の内容の見直しを行い、改善を図ること」と記されている。前項2に従って3歳未満児については個別的な指導計画を作成する必要があるので、「指導計画に基づく保育の内容の見直しを行い、改善を図る」ためには、3歳未満児に関する個別的な保育記録を作成する必要が生じる。そして、その記録を基に指導計画を見直し、保育の質を向上させていくことにつなげるのである。

4. 連絡帳を通しての保護者との連携

指針の「第5章　健康及び安全」4-(3)において、「保護者と常に密接な連携を図るとともに、保育所全体の方針や取組について、周知するよう努めること」と記されている。また、「第6章　保護者に対する支援」2-(1)において、「保育所に入所している子どもの保護者に対す

る支援は、子どもの保育との密接な関連の中で、子どもの送迎時の対応、相談や助言、連絡や通信、会合や行事など様々な機会を活用して行うこと」と記されている。とりわけ乳児においては、抵抗力も弱く体調を崩しやすいこと等の事情もあり、保護者との密接な情報交換は大切なことである。連絡帳は毎日保護者と保育者がきめ細かい記録を通して情報交換し合うのに適した方法であり、乳児保育においては十分に活用したい。

5．3歳未満児の食に関する配慮

2000年4月25日の厚生省児童家庭局長通知「児童福祉行政指導監査の実施について（通知）」の別紙1の中で、「施設指導監査事項」の児童福祉施設と保育所との「共通事項」として、「(5) 3歳未満児に対する献立、調理（離乳食等）、食事の環境などについての配慮がなされているか」という内容が記されている。乳児期の食に関しては、身体の発達過程としてふさわしい食材を選択することが大切である。また、年齢差・月齢差・個人差の大きいそれぞれの子どもの状況に応じて、使用するスプーン・フォークなどの食具が食べやすい形状であること、咀嚼力を考慮した調理であること等が非常に重要である。

日々乳児とともに食事の場にいる保育士は、子どもの食べる様子をよく観察し、その情報を調理担当の栄養士・調理員にも日常的に伝え、異なる職種間で密接に連携をとり、乳児期の食生活全体の良きあり方を考えて保育に当たることが大切である。

第2節 現場の抱えている現状と課題

第1節での指針・国の通知等における乳児保育の扱いを踏まえつつ、本節では、社会・家庭・子どもという3要素に関係して、保育現場（特に保育所）の抱えている現状と課題について述べる。

図表1　全国の待機児童数の推移
（各年度4月1日時点）

年度	待機児童数	保育所利用児童数増（対前年度）
2007	17,926	11,144
2008	19,550	6,791
2009	25,384	18,801
2010	26,275	39,140
2011	25,556	42,837
2012	24,825	53,851
2013	22,741	42,779

図表2　年齢区分別の待機児童数
（2013年4月1日現在）

	待機児童数	構成比率
0歳児	3,035人	13.3%
1・2歳児	15,621人	68.7%
3歳以上児	4,085人	18.0%
合計	22,741人	100.0%

出典（図表1・2とも）：厚生労働省雇用均等・児童家庭局保育課調査結果を基に筆者作成

1．社会的ニーズに対応した乳児保育の量的拡充と保育の質

　少子化が進行する一方で、共働き家庭の増加や都市への人口の偏在等による待機児童問題は、都市部においてなお深刻な状態となっている。図表1に示すように、2013年度においても全国で2万2741人の待機児童が発生しており、保育所の新設等により受け入れ定員を大幅に増加させても、待機児童問題は依然、解消していない。また、図表2に示すように、年齢区分別の待機児童数の構成比率は、0歳児の13.3％と1・2歳児の68.7％を合わせて、3歳未満児の合計は82.0％に達する。待機児童問題は、主に3歳未満児の保育受け入れ能力不足の問題である。

　待機児童の多い都市部では、特に多い乳児クラスの待機児童数を減らすため、乳児クラスの定員を重点的に拡充する動きがある。保育室の面積基準ぎりぎりまで乳児を受け入れたり、保育環境の工夫もさほどないままに単に広い保育室に多くの乳児を受け入れるケースも見られる。このようなケースでは、他児や保育者・保護者の頻繁な往来や互いの声の入り乱れ等のため、乳児が落ち着かず、泣いている子が見られたり、いらいらしてけがやかみつき等が生じる原因となることもある。

2．多様な保護者と多様な保育ニーズの存在

　保育所入所要件を大別すると、週労働時間等で指数化される「就労」

要件と「非就労」要件がある。「非就労」要件として、保護者の疾病・障害・介護・保護者の不存在等が挙げられる。

「就労」要件で保育所に入所する家庭の典型例は、夫婦フルタイム共働き家庭である。このような家庭は、両親ともに仕事が忙しい場合が多く、長時間保育になる場合が多い。早朝から保育を開始し、延長保育を利用する家庭も多い。

「保護者の出勤時刻に間に合わせるように子どもが起床するため、朝食も食べずに早朝から登園して、保育所で子どもが落ち着かない」「早朝から起こされて登園しているため、眠さと機嫌の悪さが混在して泣き続ける」「早朝からの登園で子どもが疲れてしまい、夕方には眠くなりけがや事故が起きやすくなる」等の生活リズムの乱れた子どもが見られる。また、保護者はお迎えに行って帰宅した後も、夕食作りや風呂の準備、洗濯等で忙しく、子どもとのコミュニケーションが十分に確保しづらいという現状がある。

また、最近は、夫婦の教育意識が高く、「習い事をさせたい」「保育所でも早期から就学に向けた『勉強』を教えてほしい」というニーズもよく聞かれる。夫婦とも忙しくて習い事に通わせることができないため、保育所に大きな期待を抱くこともある。

一方、保護者の疾病・障害・介護・保護者の不存在等の「非就労」要件で入所している児童の場合、お迎え後に帰宅した時間においても、それらの「非就労」要件が継続している場合がある。夫婦フルタイム共働き家庭よりは保育時間が短くても、自宅ではそれぞれの家庭の事情によって親子で関わり合うことのできる時間が短い等、ハイリスク家庭が混在している場合があり得ることについても理解が必要である。

3．乳児保育の量的拡充の中での一人ひとりへの丁寧な対応

第1節2・3に記したように、3歳未満児について個別的な計画を立て、それに対する保育記録を作成する必要がある。その理由は、3歳未満児

は心身の発達がめざましく個人差が大きいからである。だからこそ乳児一人ひとりへの丁寧な対応が必要となる。

しかし、第2節1に示したように、乳児保育の量的拡充により、一人ひとりに応じた丁寧な対応が困難になることもあるだろう。量的拡充を図りつつ、どのようにして丁寧な対応を維持していくのかということは大きな課題である。

子ども一人ひとりへの丁寧な対応が必要なことは当然であるが、各家庭の保護者に対しても、きめ細やかな対応が必要である。現代の家庭では兄弟姉妹が少なく、1～2人の子どもというケースが多い。核家族が進み、子育て等に関して親類等の援助も得られにくくなっており、子育てについての知識を保護者に伝える役割として、保育所が重要な役割を果たしている。各々の家庭への丁寧な対応も同時に求められていることを忘れてはいけない。

第3節 乳児保育の果たすべき役割

本節では、第1節および第2節を踏まえつつ、社会・家庭・子どもという3要素に関係して、乳児保育の果たすべき役割について述べる。

1. 乳児保育の量的拡充と保育の質の確保の両立

乳児保育の量的拡充の必要性は、第2節1で述べたように、大きな課題である。しかし、量的拡充とともに質の低下が起こらないようにしていく必要がある。

村上博文らは、乳児保育室の空間を間仕切ることで子どもたちの行動がゆったりと集中したものに、また保育士自身も子どもたちとじっくり関われるようになったことを見いだした[村上ほか、2008]。室内環境の工夫により保育の質を向上させる手法として、注目に値する研究である。

待機児童の多い東京都世田谷区において、量的拡充とともに保育の質を確保しようとする試みを紹介したい。世田谷区は2014年4月現在、都内で最も待機児童数の多い区であり、積極的に保育施設の整備を行っている。2014年8月から「世田谷区保育の質ガイドライン策定委員会」を開催し、これまで区が作り上げてきた基準や各種議論を基に、保護者、保育施設関係者、学識経験者など、さまざまな立場の人との議論により「世田谷区保育の質ガイドライン」を作り上げてきた［世田谷区、2015］。「世田谷区の保育」として、子どもの権利、職員に求められる資質、保育環境、保育内容、安全管理、保護者支援・地域の子育て支援、運営体制の7項目に関するチェックリストを作成し、保育施設が保育の質を確保するために意識しておくべき項目を提示している。待機児童数の多い自治体が独自に作成した保育の質確保のための手法として注目に値する。

2．家庭保育に対する乳児保育の役割について

　保育所における乳児保育の重要な役割は、家庭の補完機能である。保育は第一義的には家庭で行われ、保護者が家庭で十分な保育を行うことができない場合には児童福祉施設で行われることになる［矢藤、2011］。2014年施行の児童福祉法第24条によると、「保護者の労働又は疾病その他の事由により、その監護すべき乳児、幼児その他の児童について保育を必要とする場合において」保育所にて保育を受けることができることとなっている。保育を必要とする児童は、なんらかの事情により家庭において十分な保育が受けられない状態にあり、部分的に家庭の代わりを務めることが保育所の一つの責務である。

　第2節2に示したように「就労」要件家庭と「非就労」要件家庭においては、家庭の様相も保育ニーズもかなり異なる。しかし、そのいずれも保育所に子どもを預けている時間帯は保育ができない状態であることに差はなく、そのような多様な家庭の生活スタイルを受け止めることが必要となる。

一方、多様な家庭の生活スタイルを受け止めることは、ときには子どもにとって負担になりかねない場合もあり得る。そのような場合、保育者は子どもにとって最善の方法を考えようとして、ときには保護者の生活スタイルの変更を依頼する場合も生じよう。特に乳児の場合は、家庭での生活リズムの乱れは、園生活の安定性に及ぼす影響が非常に大きく、保護者に生活スタイルの変更等について、強く協力依頼をしたくなることが生じる場合もあるだろう。しかし、保育所に子どもを預ける保護者の多くは、現在の生活スタイルを維持することだけで精いっぱいになっていることも多く、急激な生活スタイルの変更は、通常かなり困難であることが多い。

　子どもにとって、家庭生活と保育所生活とは連続的なものであり、互いに影響し合い独立に生活を行うことはできない。お互いに子育て・保育のパートナーとして情報交換を密に行い、保護者の気持ちを受け止めつつ、連携を取り合って保育をすることが非常に大切である。

3．子どもの発達過程を考慮した乳児保育のあり方

　2008年改訂の「保育所保育指針」に合わせて発行された『保育所保育指針解説書』から、「発達過程」の考え方について触れた部分（第1章2−(2)−③）を以下に引用する。

> ③発達過程
> 　保育指針では「発達過程」という言葉が度々登場します。発達過程とは、子どもの発達を年齢で画一にとらえるのではなく、発達のプロセスを大切にしようとする考え方です。
> 　保育においては、子どもの育つ道筋やその特徴を踏まえ、発達の個人差に留意するとともに、個別に丁寧に対応していくことが重要です。また、子どもの今、この時の現実の姿を受け止めるとともに、子どもが周囲の様々な人との相互的関わりを通して育つことに留意することが大切です。さらに、一人一人の心身の状態や家庭生活の状況などを踏まえて保育することが明記されています。

（筆者作成）

『保育所保育指針解説書』によると、発達過程とは、子どもの発達を年齢で画一に捉える考え方ではない。発達の個人差も含め、一人ひとりの子どもが育っていく現実の姿を受け止め、それぞれの個々の事情も踏まえて、今後の保育を検討していく姿を『保育所保育指針解説書』では大切にしていることが分かる。

　本書において学んだ乳児期の発達に関する基礎的な知識は非常に重要であり、乳児保育において念頭に入れておくべきものであることは言うまでもない。それは、子どもの標準的な発達の姿を把握しておくうえで欠かせないものである。

　一方で、この発達の知識を画一的に捉えすぎてしまうと、「A君は3歳なので〇〇ができなくてはいけない」というように全てを個人の能力の問題として捉えてしまったり、「年齢的に2歳の時期の子どもには、〇〇ができるようにしなければならない」というように、年齢にとらわれすぎた保育を展開することにつながりかねない。例えば、発達がゆっくりとした子どもに対して、高すぎる水準を要求することにより、子どもの意欲減退を引き起こし、発達の阻害につながる可能性も考えられる。

　保育における指導計画を構築する際には、標準的な発達の道筋は意識しつつも、子どもの発達を年齢・月齢で画一的に捉える発想をしてはいけない。今後の子どもの発達の姿を想像しつつ、個別に丁寧に対応していくことが大切である。月齢差や発達がゆっくりした子どもも含め、子どもの現在の姿を理解したうえで指導計画を立てていくことが、乳児保育においては大切なことである。

【引用・参考文献】
　遠藤利彦「乳児保育におけるアタッチメント」小西行郎・遠藤利彦編著『赤ちゃん学を学ぶ人のために』世界思想社、2012年、pp.184-188
　厚生労働省『保育所保育指針解説書』フレーベル館、2008年

須永美紀「『共振』から『共感』へ——乳児期における他児とのかかわり」、佐伯胖編『共感～育ち合う保育のなかで～』ミネルヴァ書房、2007年、pp.39-73

世田谷区「世田谷区保育の質ガイドライン」2015年

内閣府子ども・子育て支援新制度施行準備室「子ども・子育て支援新制度について」2014年

村上博文・汐見稔幸・志村洋子・松永静子・保坂佳一・富山大士「乳児保育室の空間構成と保育及び子どもの行動の変化——『活動空間』に注目して」『こども環境学研究』Vol.3、No.3、2008年、pp.28-33

森上史朗「0歳児の人間関係」森上史朗・今井和子編著『集団ってなんだろう——人とのかかわりを育くむ保育実践』ミネルヴァ書房、1992年、pp.10-12

矢藤誠慈郎「保育とは」民秋言・河野利津子編著『保育原理』(新保育ライブラリ) 北大路書房、2009年、pp.2-4

第15章

乳児保育の質を高めるために

谷川　友美

第1節 社会環境の変化を踏まえた乳児保育

1．新保育制度の開始

　新しい保育制度が2015年4月からスタートする。新制度がスタートする背景には、保育を必要としている人の数に施設の整備が追いつかないという現状がある。待機児童数は都市部を中心に全国に2万余りと発表されているが、実は、待機児童のカウント方法は地域によって違っており、正確な数は把握できていない。潜在的な待機児童は80万人以上と推測されているのである。そのような状況から、新しい制度により国の統一基準を作って、地域ごとの潜在的な待機児童の正確な数を把握し、その数に応じた施設の整備が必要ではないかという声を受け、新制度の発足に至ったのである。

　このような背景を受け、子育て支援の「量」と「質」の改善を目指す「子ども・子育て三法」が2012年8月に成立した。新制度では、「施設型給付」と「地域型保育給付」という2つの給付制度の創設や、「認定こども園」制度の改善、市町村を主体として地域ニーズを反映したサービス展開を掲げる内容である。新しい制度では、どのように子育て支援を変えようとしているのだろうか。この節では、社会環境・社会ニーズの変化に伴い、新たな保育制度の内容をまとめた。今後どのような保育が求められているのか、考えてほしい。

2．新保育制度の内容

（1）財政措置や基準の統一

　新保育制度は、財政措置を一本化したり、認可基準を明確にして認可施設を増やしたり、小規模保育などの実情に合った保育を図ったりして

いる。さらに認定こども園制度も見直し、これまで別々だった認可や指導監督を一本化して、認定こども園への移行を速やかに行えるような制度にしている。

(2) 職員の待遇改善と保育施設利用条件の緩和

私立保育施設では、例えば3歳児の場合、職員一人当たり園児数をこれまでの20人から15人にして手厚くするといった改善も行われる。また、私立の幼稚園・保育所・認定こども園の職員給与を3％上げることも組み込まれている。その他、放課後児童クラブの充実に関する工夫や、保育施設が利用できる条件を拡大していくことも含まれている。例えば、母親が求職活動中である場合や育児休業を取得する場合、保育施設を継続して利用することができる、あるいは夜勤をしている親の仕事の都合でも預かりが可能になるといったぐあいである。

(3) 施設型給付と地域型給付の創設

新保育制度では「施設型給付」と「地域型給付」という2つの給付に関する制度が作られた。施設型給付とは、「認定こども園（0～5歳対象）」「幼稚園（3～5歳対象）」「保育所（0～5歳対象）」に対する財政支援を一本化するといったものである（図表1）。私立幼稚園は、施設型給付か、

図表1　施設型給付の創設

現行制度

| 幼稚園 | 認定こども園 幼稚園部分 | 認定こども園 保育所部分 | 保育所 |

↓ 給付を一本化

新制度

| 幼稚園 | 認定こども園 | 保育所 |

(筆者作成)

図表2　地域型保育給付の創設

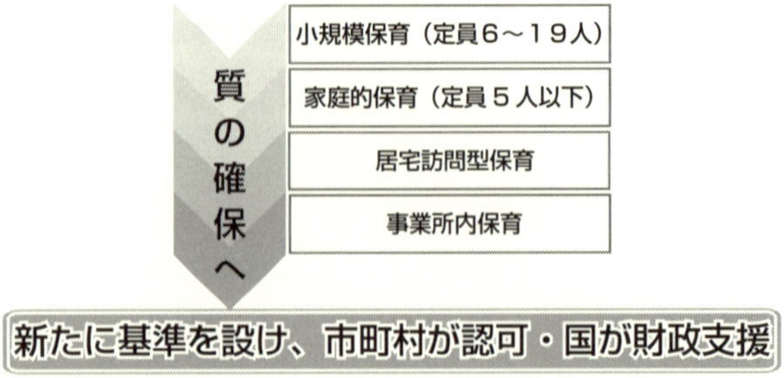

質の確保へ
- 小規模保育（定員6～19人）
- 家庭的保育（定員5人以下）
- 居宅訪問型保育
- 事業所内保育

新たに基準を設け、市町村が認可・国が財政支援

（筆者作成）

これまでどおりの給付を続けるかを選択することができるという例外も、この制度の内容には含まれている。施設型給付の対象となる保育所と認定こども園の最低定員は20人以上で、幼稚園では定員を設けていない。

　地域型給付では、以下の保育をしている場合、「地域型保育事業」として新たに基準を設け、市町村が認可する形になる。

　①定員が6人以上19人以下の「小規模保育」
　②定員5人以下のいわゆる保育ママの「家庭的保育」
　③ベビーシッターなどの「居宅訪問型保育」
　④企業が会社内に設ける「事業所内保育」

　上記のような保育をする際、これまでは基準がなかったが、今回の新制度で国が基準を定め、市町村が質の確保とともに整備していくしくみづくりを定めたのである。乳児保育では特に、この地域型保育事業で扱われる子どもたちが多いと言える。幼稚園や保育所より小規模ながらも、地域の実情に合った保育が展開できると言えるだろう**（図表2）**。待機児童は3歳未満の子どもが8割を占めることから、この地域型給付の施設が今後どうなっていくかによって待機児童の解消に大きく関わってくると言える。

図表3　認定こども園制度の改訂

学校教育法
児童福祉法
認定こども園法

→

改訂
認定こども園法

現行制度
幼稚園：文部科学省
保育所：厚生労働省

新制度
都道府県や
指定都市・中核市が認可

許可や根拠法を一本化

(筆者作成)

(4) 認定こども園制度の改訂

　認定こども園は、原則として都道府県が認可を行うが、政令指定都市や中核市にも権限が与えられる。指導監督も統一され、財政措置も施設型給付に一本化される（図表3）。

　新保育制度の内容は、不足している施設を増やし、待機児童の解消をねらうだけでなく、既存の施設の再編や新しい小規模保育施設などへの財政支援にも注力しているものであると言える。その理由として、量だけでなく質の充実もねらったものにしたいという考えが含まれているからである。

　待機児童問題の深刻化など、乳児保育をめぐる環境は決して良いとは言えない。既存の施設の拡充や新しい小規模保育施設の増設を目指す新制度の実施が、乳幼児とその親たちへの助けとなり、こうした現状が少しでも解消されることが期待される。

第2節 保育者の資質向上に必要なこと

1. より良い保育を提供するために

　質の高い保育とはいかなるものか。どういう試みが保育の質を高くするのか。このような点についてじっくり考える機会を持ってもらいたい。

　保育実践の根底には、子どもの人間としての尊厳を守り、より良い保育を提供するという倫理への問いかけが不可欠である。保育者らは日々の保育実践の中で「良い保育」を提供したいと努力している。しかし、実際には、保育現場のさまざまな制約のために思いどおりの保育が実践できないと感じたり、保育所の社会的責任の拡大（個人情報の保護と苦情解決、地域交流、説明責任等）の中で、どのような保育が良い保育なのか、どのようにしたらそれを実現できるのか、と悩むことも少なくない。

　日常の保育の中で直面する問題の多くは、倫理的な問題というよりもむしろ、保育士個人の知識不足や技術など能力の問題、組織の運営上の問題、あるいは個々の人間関係の問題として捉えられ、保育現場における倫理そのものについての十分な検討がなされていないというのが現状である。

　保育の倫理と聞くと、どんなことを想像するだろうか。なかなか実感を持って捉えられないだろう。しかし、実は保育の倫理を問われる場面は、ごく身近にたくさん存在する。現在あなたは、保育士養成機関で学生としてテキストと向き合っているかもしれないが、現場で一人前の保育士として働くようになれば、自らの判断を求められる場面が一段と増えるだろう。この節では、事例を中心にしながら、保育士としての倫理観について考えてもらいたい。

2. 保育の倫理は身近にあふれている

(1) 保育の倫理とは？

「倫理」とは、善悪や正誤判断を含む人間としての善い生き方だとされている。また、倫理学は「全てを考慮したうえで、ある一定の状況において何を成すべきかという問題に対して体系的に答えようとする試みである。しかもその答えを正当化しようとする試みである」[松尾、2010]とされている。このことから、保育における倫理、すなわち保育倫理とは、「保育士としての善いあり方」、さらには全てを考慮したうえで、その状況において保育士として何をすべきかについて総合的に考えることだと言えるだろう。

少し例を示して考えてみたい。

〔事例1〕コップ当番をめぐって
　うがい用のコップが入ったケースを誰が出すかということで、少し前からトラブルがよく起こっていた。ある日のこと、T君がいちばん先に走ってきてケースを持った。慌ててB君が追いかけてきて、T君を押しのけ横取りした。B君はすぐ後ろを走ってきたK君に「僕とK君とで持つよね」と決めつけたように言った。「そうそう」とK君はB君の言葉を受けて、こびるように答えた。そして2人でケースを運び出した。T君はそれほど不満そうな顔もせず、B君とK君の後についていった。保育士Aはその子どもたちの中に入り、「B君、K君、なんで横取りするの？　T君が持っていたのに」と言った。

この事例は、なにげない日常の場面と言える。このような場面は毎日のように経験しているかもしれない。あなたならどうするか。選択肢は幾通りもあるだろう。保育士Aのように話しかけるか、話しかけず見守るか、または介入するタイミングを見計らうか、介入せずに様子を見るか、といったようにである。この事例の保育士Aは、「正義とは何かといった価値観を学んでほしいという思いで言葉を発した」と後で語ってくれた。これは、ささいな場面（事例）ではあるが、保育士の倫理的な

問題なのだと考えられる。「幾通りもある選択肢の中で、あらゆることを考慮したうえで、この状況において保育士として何をすべきか」を決定し、実行することが保育倫理だと言えるからである。

したがって、例えば、アレルギー除去食と普通食を間違えて配膳し、アレルギーの子どもがアレルゲンを食べてしまい救急車で運ばれ、その保護者が訴訟をするといった裁判事例や議論自体のように、日常に起こり得る頻度の極めて低い問題だけが倫理だとは言えないのである。むしろ、この事例1に挙げたような、保育士が日々の業務の中で出会う「今、私は保育士として何をすべきか」と考える場面の一つ一つで、保育の倫理が問われていると言えるだろう。

(2) 大切にしたいもの——全国保育士会倫理綱領

では、このような倫理的判断を要する場面に出会ったとき、あなたは保育士としてどのような倫理的意思決定を行い、実践することができるだろうか。

倫理的判断を要する場面では、多くの場合、異なる2つ以上の「保育士としてすべき」と思われることが併存している。先ほどの事例1では、保育士の正義を子どもに示すことが、保育士Aにとっていちばん大切であると判断し、実行していることになる。こうした判断を行う際は、全国保育士会倫理綱領が参考になる（**図表4**）。この倫理綱領は、保育専門職の団体が保育士として備えるべき基本的信念と規律を表したものであり、保育士としての行動指針となるものである。これらの指針をよりどころとすることで、自分の判断に確信を得たり、倫理的正当性を説明することが可能になる。しかし、この倫理綱領は、何が倫理的な保育なのかを考える「指針」は示してくれるが、具体的にどのようにすればよいかを示してくれるものではない。実際にどのような判断を下し行動するかは、あなたが保育士として大切にしたいものによって決まるのだと思われる。

図表4　全国保育士会倫理綱領

　すべての子どもは、豊かな愛情のなかで心身ともに健やかに育てられ、自ら伸びていく無限の可能性を持っています。
　私たちは、子どもが現在（いま）を幸せに生活し、未来（あす）を生きる力を育てる保育の仕事に誇りと責任をもって、自らの人間性と専門性の向上に努め、一人ひとりの子どもを心から尊重し、次のことを行います。
　　私たちは、子どもの育ちを支えます。
　　私たちは、保護者の子育てを支えます。
　　私たちは、子どもと子育てにやさしい社会をつくります。

（子どもの最善の利益の尊重）
1．私たちは、一人ひとりの子どもの最善の利益を第一に考え、保育を通してその福祉を積極的に増進するよう努めます。

（子どもの発達保障）
2．私たちは、養護と教育が一体となった保育を通して、一人ひとりの子どもが心身ともに健康、安全で情緒の安定した生活ができる環境を用意し、生きる喜びと力を育むことを基本として、その健やかな育ちを支えます。

（保護者との協力）
3．私たちは、子どもと保護者のおかれた状況や意向を受けとめ、保護者とより良い協力関係を築きながら、子どもの育ちや子育てを支えます。

（プライバシーの保護）
4．私たちは、一人ひとりのプライバシーを保護するため、保育を通して知り得た個人の情報や秘密を守ります。

（チームワークと自己評価）
5．私たちは、職場におけるチームワークや、関係する他の専門機関との連携を大切にします。
　また、自らの行う保育について、常に子どもの視点に立って自己評価を行い、保育の質の向上を図ります。

（利用者の代弁）
6．私たちは、日々の保育や子育て支援の活動を通して子どものニーズを受けとめ、子どもの立場に立ってそれを代弁します。
　また、子育てをしているすべての保護者のニーズを受けとめ、それを代弁していくことも重要な役割と考え、行動します。

（地域の子育て支援）
7．私たちは、地域の人々や関係機関とともに子育てを支援し、そのネットワークにより、地域で子どもを育てる環境づくりに努めます。

（専門職としての責務）
8．私たちは、研修や自己研鑽を通して、常に自らの人間性と専門性の向上に努め、専門職としての責務を果たします。

　　　　　　　　　　　　　　　　　　社会福祉法人全国社会福祉協議会
　　　　　　　　　　　　　　　　　　　　　　　　全国保育協議会
　　　　　　　　　　　　　　　　　　　　　　　　　全国保育士会

(3) 倫理は一人ひとりの中にある

けっきょくのところ、保育の倫理は、保育士個々人が持つ保育観が反映されていると言えよう。子どもを安全に預かり危険を回避することで命を守ることが大切だと考える保育士は、安全管理や衛生管理に力を入れるだろうし、子どもの人間としての権利や自己表現が大切だと考える保育士は、子どもの意見をしっかり聞くことに時間を割くだろう。これらの判断は、いずれも正解とも間違っているとも言えない。どれも保育士の価値観が反映されたその保育士が考える良い保育、つまり、倫理的な保育だからである。

保育士として倫理的な実践を行うためには、自分が考える「良い保育」とはどのようなものなのか、それぞれの場面で自分が最も大切にしている「保育士としてするべきこと」は何なのかを常に問いかけ、それに基づいて行動する努力を続けることが大切だと言える。

3．保育の倫理を考える場面の事例

保育士が日常の保育の中で出会いがちな、倫理的な判断を問われる場面を取り上げてみたいと思う。その場面に含まれている保育士の倫理的価値観を検討しながら、保育士としてどうするべきか、自分なら保育士としてどのような行動をとるかを考えてみてほしい。

> 〔事例2〕一人で行動したいと思うS君
> S君は2歳8カ月の男の子。とても外交的で憎めない性格の持ち主である。S君はじっとしていることが苦手で、いろんなことに興味・関心を示し動いてしまう傾向が強かった。友達がけがで包帯をしているとそれを触ったり、人のものでも目新しいものがあるとすぐ手に取り、トラブル（取り合い）の原因になったりした。何度説明をしても直らないため、保育士一人が当番で付き添う日々が多くなっていった。そうすると、当番になった保育士を突き飛ばしたり逃げたりなど、一人で居たいから向こうへ行くようにしてほしいといったようなことを頻繁に表現するようになった。

(1) 倫理的判断の視点

①子ども（S君）の人権の尊重

　事例2のS君は、自分の行動を制御する保育士の存在に不自由さを感じていると言える。いわゆる監視状態のような状態を不満に思い、保育士を突き飛ばしたり、保育士から逃げたりするなどの行動につながっている。2歳児といえども、やはり行動の制御は、S君の人権を尊重していない行為とも言える。これが本当にS君にとっての良い保育なのだろうか。

②子ども（S君以外）の安全確保と不利益・不平等

　S君以外の子どもの安全を確保する必要性も高い。S君の行動から派生する被害を最小限に食い止めることで、他の子どもたちの安全が確保される場面も多い。そのようなとき、S君と集中的に関わることは保育士として良いことなのか。多くの子どもたちを平等に見ていくことも求められる中、どのような行動をとることが望ましいのか。

③保育士としての責務と他スタッフへの忠誠

　S君の希望どおり、寄り添い付き添う保育をやめると、恐らく友人トラブルが増え、場合によってはけが等も起こる可能性が考えられる。安全を確認するためにも、S君への観察および他の子どもたちへの波及効果の観察といった保育業務が必要となってくる。しかし、保育士は全ての子どもに対し平等で安全で最善の保育を提供する責任があるので、S君だけに付きっきりになることはできない。また、S君の付き添いに時間を割くということは、S君のクラス運営の仕事を、誰か他の保育士がカバーしなければならなくなる。チーム内で仕事量の不均衡が生じることも予測される。さらに、S君の保育は保育所内の会議の下に行われている。チーム内の話し合いで決まったことを忠実に実行することは、他のスタッフへの忠誠を示すことである。よって、チームの一員として果たすべき義務とは、S君に付き添う保育を行うことにほかならない。

(2) 判断をサポートする倫理綱領

　この事例2では、S君の意志を尊重するために行うべき行為と、S君以外の子どもの安全を守るために行うべきことが相反している状況と言える。保育士として、S君のことや他の子どものこと、他のスタッフとの関係性や、保育士の責務についても考えなければならない。保育士は現場の中でこのような場面に出会ったとき、それらの相反する価値の間で調整を行い、その状況の中で最善と思われる対応を見いだして実行していかなければならない。

　保育場面における倫理的問題には、一人の子どもに対する倫理的な責務だけでなく、他の子どもをも含んだ保育ケアの受け手全体に対する責務や、他スタッフとの関係性、組織の一員としての義務や責任も関係している。事例2でも、雇用者に対する被雇用者としての関係性（配置された人員内でできるだけ効率的に業務を行うこと）といった問題が含まれている。また、決定された保育計画に従うという他スタッフとの関係性に関連する問題も含まれている。これらの問題を考慮したうえで、この状況で保育士としてすべきことは何かと自分なりに判断し実行していかなければならない。

　しかしながら、独りよがりで根拠もなく判断するようではいけない。自分の判断や、行動の倫理性を説明できなければならないのである。「なぜ、そのようなことをしたのか」と問われたとき、倫理綱領等を根拠として提示しながら、相手が納得するように説明できるようになることが今後の保育士に求められることである。そして、それが保育の質の向上につながることは間違いないと言えよう。

　保育の質を高めるために倫理的視点を持つことの重要性は理解できたのではないだろうか。「全国保育士会倫理綱領」をぜひじっくりと読んでほしい。恐らく、倫理的判断をした際、その理由を他者に説明する責任が生じる。その際、あなたの判断をサポートし、ときには守ってくれる文言が満載されていると気づくはずである。

4．自己研鑽の大切さ

　保育者が専門職として社会的に活躍するためには、自己研鑽の機会を多く持つよう努めなければならない。松尾は、保育技術を「技術的側面」「精神的側面」「知識的側面」「対人関係的側面」と4つにカテゴライズし、保育士養成機関で学習を深めていく頃から現任教育に至るまで、自己研鑽の機会を設けることの必要性を述べている［松尾、2010］。保育技術は、知識・技術的な成長だけでなく、精神面や対人関係的な能力の成長も求められ、保育技術を向上させるためには、多くの経験や労力、学習の深化が求められるものである。保育の質を高めるためには、このような保育技術の特性を踏まえ、研修等の充実を図っていかなければならない。

【引用・参考文献】

　谷川友美「保育実践における倫理──倫理的な保育実践システムの構築を目指して」『別府大学短期大学部紀要』第32号、2013年、pp.140-152

　谷川友美「保育を学ぶ学生の倫理教育に関する研究──道徳的推論および道徳的発達段階の調査より」『別府大学短期大学部紀要』第30号、2011年、pp.36-46

　内閣府・文部科学省・厚生労働省「子ども・子育て支援新制度 なるほどBOOK（平成26年9月改訂版）」2014年

　松尾寛子「新人保育士の保育技術向上に向けての取り組みについての一考察──新任保育士からのアンケートを中心に」『関西福祉大学社会福祉学部研究紀要』第13号、2010年、pp.183-188

【監修者紹介】

林 邦雄（はやし・くにお）
　元静岡大学教育学部教授、元目白大学人文学部教授
　[主な著書]『図解子ども事典』（監修、一藝社、2004年）、『障がい児の育つこころ・育てるこころ』（一藝社、2006年）ほか多数

谷田貝 公昭（やたがい・まさあき）
　目白大学名誉教授
　[主な著書]『実践・保育内容シリーズ［全6巻］』（監修、一藝社、2014〜2015年）、『子ども学講座［全5巻］』（監修、一藝社、2010年）ほか多数

【編著者紹介】

中野 由美子（なかの・ゆみこ）[第12章]
　目白大学大学院非常勤講師、前目白大学人間学部教授
　[主な著書]『家族援助論』（共著、光生館、2003年）、『家庭支援論』〈保育者養成シリーズ〉（編著、一藝社、2013年）ほか多数

高橋 弥生（たかはし・やよい）[第7章]
　目白大学人間学部教授
　[主な著書]『データで見る幼児の基本的生活習慣〔第2版〕』（共著、一藝社、2009年）、『生活の自立Hand Book―排せつ・食事・睡眠・着脱・清潔』（共著、学習研究社、2009年）ほか多数

【執筆者紹介】

(五十音順、［　］内は担当章)

赤塚德子（あかつか・のりこ）［第13章］
　愛知文教女子短期大学准教授

池内昌美（いけうち・まさみ）［第11章］
　京都西山短期大学専任教員

大倉眞壽美（おおくら・ますみ）［第5章］
　宇部フロンティア大学短期大学部非常勤講師

岡本弘子（おかもと・ひろこ）［第9章］
　名古屋経営短期大学講師

髙橋美保（たかはし・みほ）［第4章］
　白鷗大学教育学部教授

谷川友美（たにがわ・ともみ）［第15章］
　別府大学短期大学部准教授

田村美由紀（たむら・みゆき）［第6章］
　山村学園短期大学専任講師

富山大士（とみやま・ふとし）［第14章］
　秋草学園短期大学専任講師

永渕泰一郎（ながぶち・たいいちろう）［第10章］
　畿央大学教育学部准教授

西川晶子（にしかわ・あきこ）［第2章］
　信州豊南短期大学専任講師

西川ひろ子（にしかわ・ひろこ）［第1章］
　安田女子大学教育学部准教授

廣部朋美（ひろべ・ともみ）［第8章］
　茨城女子短期大学専任講師

松本佳子（まつもと・よしこ）［第3章］
　鶴川女子短期大学非常勤講師

保育者養成シリーズ
乳児保育

2015年4月1日　初版第1刷発行
2016年2月15日　初版第2刷発行

監修者　林 邦雄・谷田貝 公昭
編著者　中野 由美子・高橋 弥生
発行者　菊池 公男
発行所　株式会社 一藝社
〒160-0014 東京都新宿区内藤町1-6
Tel. 03-5312-8890　Fax. 03-5312-8895
E-mail：info@ichigeisha.co.jp
HP：http://www.ichigeisha.co.jp
振替　東京 00180-5-350802
印刷・製本　シナノ書籍印刷株式会社

©Kunio Hayashi, Masaaki Yatagai 2015 Printed in Japan
ISBN 978-4-86359-093-9 C3037
乱丁・落丁本はお取り替えいたします

一藝社の本

実践 保育内容シリーズ ［全6巻］
＊各巻平均184頁

谷田貝公昭◆監修

《保育内容各領域のポイントを精選。コンパクトで使いやすい新シリーズ！》

---

1 健康

谷田貝公昭・高橋弥生◆編

A5判　並製　定価（本体2,000円＋税）　ISBN 978-4-86359-072-4

---

2 人間関係

小櫃智子・谷口明子◆編著

A5判　並製　定価（本体2,000円＋税）　ISBN 978-4-86359-073-1

---

3 環境

大澤 力◆編著

A5判　並製　定価（本体2,000円＋税）　ISBN 978-4-86359-074-8

---

4 言葉

谷田貝公昭・廣澤満之◆編

A5判　並製　定価（本体2,000円＋税）　ISBN 978-4-86359-075-5

---

5 音楽表現

三森桂子・小畠エマ◆編著

A5判　並製　定価（本体2,000円＋税）　ISBN 978-4-86359-076-2

---

6 造形表現

おかもとみわこ・石田敏和◆編著

A5判　並製　定価（本体2,000円＋税）　ISBN 978-4-86359-077-9